하나님, 저 군대갑니다

하나님, 저 군대갑니다

황은우 지음

좋은씨앗

〈좋은씨앗〉은 하나님의 말씀입니다.
이 말씀이 좋은 마음밭에 떨어져 하나님의 나라가 확장되고, 예수 그리스도를 본받아 그 향기를 품은 성령의 사람들이 세상에 넘쳐나길 기대합니다. 그래서 백 배, 육십 배, 삼십 배의 결실을 맺기를 소망합니다.
〈좋은씨앗〉은 이와 같은 소망과 기대를 품고 출판 사역으로 하나님께 쓰임 받기를 기도합니다.

하나님, 저 군대갑니다

초판 1쇄 2007년 5월 9일
초판 5쇄 2023년 10월 25일

지은이 황은우
펴낸이 신은철
펴낸곳 좋은씨앗
출판등록 제4-385호(1999. 12. 21)
주소 서울시 서초구 바우뫼로 156(MJ 빌딩), 402호
주문전화 (02)2057-3041 주문팩스 / (02)2057-3042
이메일 good-seed21@daum.net
페이스북 facebook.com/goodseedbook

ISBN 978-89-5874-081-0 04230

ⓒ 황은우

이 책의 저작권은 저자 및 저자와 독점계약한 도서출판 좋은씨앗에 있습니다.
신저작권법에 의하여 보호를 받는 저작물이므로 무단 전재와 무단 복제를 금합니다.

크리스천 청년들의 군생활 정복 지침서

목차

✱ **감사합니다** 11

✱ **추천사** 12
2년을 알차게 보내기 위한 지침서 _ 전병욱 목사 (삼일교회 담임)
군대! 나도 할 수 있다 _ 김종준 목사 (전 공군군종감〔대령〕)
이 책으로 군대를 준비하십시오 _ 설영현 목사 (국방부 군종정책팀장, 육군대령)
힘차게 벽을 넘는 담쟁이넝쿨처럼 _ 이기원 목사 (해군군종목사단장)

✱ **프롤로그** 18
군대는 나의 힘! | 알고가면 즐거운 곳

1부 두려움아, 저만치 가라

1장. 나는 결코 혼자가 아니야 27
진짜 문제는 두려움이 아니다 | 홀로 서는 연습하기 | 편견을 버리면 두려움도 길을 잃는다
▪에피소드1 _ 귓가에 들리는 듯한 기도의 함성 (전역 전경. 나연수)

2장. 그녀가 나의 리브가라면… 39
최고의 관심사, 고무신의 향방 | 그녀를 도와야 할 의무가 있다 | 그녀가 고난의 시간을 함께 했다면
▪에피소드2 _ 고무신, 나는 처음부터 아예 신지 않았다 (여자친구. 이지희)

3장. 고통의 성(城)에서 배우는 인내 49
통제의 순간 vs 순간의 자유 | 극한 고통, 훈련에 대한 두려움 | 후회로 남았을 기억 한 조각 | 인내의 그릇을 넓혀라
▪에피소드3 _ 그대들에게 해주고 싶은 말 (현직 공군 준위. 신성식)

2부 준비된 자는 실전에 강하다

4장. 자원하는 마음 없이도 가야합니까 65
'아, 정말 가기 싫다' | 요셉이 감옥에 간 이유 | 군 생활의 유익 엿보기

■ 에피소드4 _ '신의 아들'에서 '하나님의 백성'으로 (전역 특공대, 주영환)

5장. 로마에 가기 전, 로마법을 익혀라 77
군대 갈 시기, 빠를수록 좋다 | 계절의 장단점을 꼼꼼히 파악하라 | 규칙의 틀에 몸을 맡겨라 | 계급만 있을 뿐, 나이는 없다 | 높이 나는 새가 멀리 본다지? | 병장으로 가득 찬 생활관을 원하나이다

■ 에피소드5 _ 절실한 사랑이 필요한 곳, 군대 (전역 해병대 장교, 옥나라)

6장. 기초체력 다지기 91
군대에서 공부하려면, 기본기를 다지고 가라 | 자신만의 장기 분야를 만들어라 | 영육 간의 건강을 체크하라 | 태권도 1단, 준비해가면 편하다 | 10대 군가와 복무 신조를 외워가자

■ 에피소드6 _ 실수로 연마된 의무병 생활 (전역 육군, 예 원)

7장. 실전으로 들어가기 109
군대에 갔으니, 군인이 되어라 | 고참과 후임 사이 | 훈련에 적응하기 | 보직에 적응하기 | 시간 보내는 노하우 | 휴가는 어떻게 사용할까?

■ 에피소드7 _ 바다의 추억 (전역 해군, 황유섭)

3부 푯대를 향해 나아가라

8장. 폭풍 속에 선 나의 영혼   131
"나는 크리스천입니다!" | 주일을 사수하라 | "나는 술을 마시지 않습니다."
▪ 에피소드8 _ 부대에선 간부님, 교회에선 집사님 (전역 공군 . 박현수)

9장. 하나님, 당신을 만나러 왔습니다   141
광야는 은혜의 땅이다 | 군대, 즐겁게 도전하라 | 복음은 흘러가야 한다
▪ 에피소드9 _ 부족한 모습 이대로 (현직 57사단 군목. 조은증 소령)

10장. 소명을 향해 나아가라   151
사명을 찾아 성취하라 | 자기 계발을 준비하라 | 끝까지 달릴 힘이 필요하다
▪ 에피소드10 _ 사랑하는 내 아들아! (어머니. 정연옥)

✶ 감사합니다

 나의 영적 스승이며 평생의 멘토인 전병욱 목사님께 감사드립니다. 목사님의 많은 것들이 내게 본이 되고 신선한 활력을 줍니다. 항상 감사하고 존경합니다.

 군대가는 청년들의 마음을 잘 헤아리시고 많은 격려와 애정으로 추천사를 써주신 전(前) 한국군종목사단장 김종준 목사님께 깊이 감사드립니다.

 또한 원고를 꼼꼼히 읽고 최근의 군 현황을 친절하게 알려주신 국방부 군종정책팀장 설영현 대령님께 감사드립니다. 목사님의 섬세한 수고가 아니었다면 여러 중요한 부분을 놓칠 뻔하였습니다.

 해군 군종실의 이기원 목사님께 감사드립니다. 목사님의 바람처럼 이 책이 많은 청년들의 군생활에 자그마한 도움이라도 되길 바랍니다.

 그리고 삼일교회 내에서 군선교 사역을 감당하시는 신호진 집사님께 감사드립니다. 집사님은 이 일에 언제나 좋은 동역자이십니다. 어수선한 초고를 깔끔하게 정리해주신 이상희 님께 고마운 마음을 전합니다.

 그 무엇보다 지금까지 이 책이 나올 수 있도록 나의 가는 길에 주인이 되셔서 앞서 가신 주님께 모든 영광을 돌립니다.

✱ 추천사 1

2년을 알차게 보내기 위한 지침서

전병욱 목사 (삼일교회 담임)

똑같은 사건을 만나도 그것을 올바르게 해석해 낼 수 있는 힘은 그 사람이 얼마나 깨어 있는가에 따라 달라집니다. 아무리 고생을 많이 해도 깨어 있지 못한다면 우리는 아무런 교훈도 얻을 수 없습니다.

마찬가지 진리가 황은우 목사님이 군대가는 청년들을 위하여 쓴 책 《하나님, 저 군대갑니다》에도 동일하게 적용됩니다. 그는 군대에서 보냈던 시절을 그냥 흘려보내지 않고 지금 삼일교회에서 청년들을 섬기며 깨달은 점들과 접목하여 실제적으로 잘 살려내었습니다. 군대가는 청년들이 무엇을 두려워하는지, 어떤 점들이 가장 필요한지, 준비해야 할 것은 무엇인지를 자신의 실제 경험과 사역하면서 느꼈던 것들을 중심으로 명확히 짚어낸 것입니다.

그러므로 이 책은 역방향으로 읽어 내려가야 하는 책입니다. 무슨 말인가 하면, 자신이 군대에 '갔다왔다'고 가정하고 어떤 마음가짐이 필요한지를 지금부터 생각해보라는 것입니다. 그렇게 하면 이 책을 좀 더 입체적으로 읽을 수 있을 것입니다. 여러 복잡한 상황에 대한 방정식이 있더라도 그 변수들에 대한 답들을 조금씩 찾아낼 수 있을 것입니다.

이 책은 '경험한 자의 논리'만을 강조하지도 않습니다. 그런 글은 때로는 편협함을 낳기도 합니다. 오히려 이 책은 청년들의 현실과 그들의 마음을 아는 목회자의 입장에서 쓴 글입니다. 그러므로 곳곳에서 그들과 함께 울고 웃어온 따듯함을 발견할 수 있을 것입니다.

그리고 곳곳에 실제로 군대와 직간접적으로 관련된 분들이 자신들의 얘기를 '에피소드'의 형식으로 담아냈습니다. 이 또한 독자들이 군 생활에 대한 구체적인 그림을 그려보는 데 있어 큰 역할을 할 것입니다.

아무쪼록 이 책이 군대를 앞에 두고 마음의 방황을 하고 있거나 뚜렷한 목적 없이 시간을 보내려는 많은 이들에게 분명한 지침서가 되었으면 하는 바람입니다.

* 추천사 2

군대! 나도 할 수 있다

김종준 목사 (전 공군군종감[대령])

할렐루야!
국방의 의무는 신성한 것입니다.
존경하는 고 한경직 목사님은 "60만 장병의 복음화를 위한 기도"에서 '이 나라를 자유와 평화로 항상 지켜주시기 위하여 60만 국군장병을 세워주심을 충심으로 감사드리나이다'라고 기도했습니다. 이처럼 국방의 의무는 양보할 수 없는 중요한 사명입니다.

사실 '군대'하면 여러 역기능이 먼저 생각납니다. 계급, 서열, 명령, 억압, 언어폭력, 정신적 긴장, 과도한 훈련 그리고 권위주의, 보수안정주의, 무소신, 폐쇄주의 등을 떠올리게 됩니다. 그러나 오늘의 군대는 하루가 다르게 변해가고 있습니다. 친구 혹은 형제와 동반 입대할 수도 있고, 전공을 살려서 가능한 한 당사자의 의견을 최대한으로 수렴하고 있습니다. 요즘 군대는 지휘관이나 간부들은 힘들어지고 병사들은 더욱 편해지는 곳이라는 말도 들립니다.

그럼에도 불구하고 군대는 '국토방위'라는 국가적 목적을 위해 조직된 곳입니다. 누구나 평생 처음 맞는 일이라는 사실은 큰 부담이 될 것입니다. 그런 면에서 황은우 목사님이 입대하는 기독청년들을 위하여 쓴 《하나님, 저 군대갑니다》는 군대를 앞에 두고 고민하고 있는 형제들에게 훌륭한 지침서가 될 것입니다. 군대에 대한 여러 궁금증과 막연한 두려움이 해소되리라 생각됩니다.

앞으로 군대를 통해 원만하고 폭넓은 인간관계와 리더십을 키우고, 모든 일에 있어 긍정적인 사람으로 변화될 자신을 그려보시기 바랍니다. 앞으로의 2년이 여러분의 삶에 가장 보람되고 값진 기간이 되기를 기원합니다. 화이팅!

✽ 추천사 3

이 책으로 군대를 준비하십시오

설영현 목사 (국방부 군종정책팀장, 육군대령)

한 때 우리 주변에 '군 면제자는 신의 아들, 현역병은 어둠의 자식들'이라는 웃지못할 말이 떠돈 적이 있었습니다. 현역병으로 입영하여 군생활하는 것이 두려워 기피하려는 마음이 그 정도였습니다. 그러나 지금의 군대는 옛날과 많이 달라졌습니다. 그리고 앞으로도 급속히 달라져 갈 것입니다.

그렇지만 군대가 어떻게 변해가는가와는 상관없이 군 생활이 만만하지 않다는 것은 엄연한 현실입니다. 그래서 지금도 군대가는 것을 두려워하는 젊은이들이 많습니다.

한편으로는 군 생활을 통해 인격이나 마음가짐, 삶을 대하는 태도가 많이 변화되어 더욱 성숙한 어른이 되어 사회로 나가는 젊은이들을 종종 접하곤 합니다. 그들은 똑같은(아니 더 혹독한) 환경에 떨어졌지만 불평하지 않고 상황을 있는 그대로 받아들입니다.

간혹 비크리스천 중에서 만나기도 하지만 그들은 대부분 하나님을 사랑하고 섬기는 대한민국의 멋진 젊은이들입니다. 그들의 가슴에는 푸른 꿈이 타오르고, 아무도 알아주지 않지만 동료들을 위해 기도하고 솔선수범합니다.

그들 가운데 많은 이들은 군대에 오기 전에 분명한 목표가 있었습니다. 그저 끌려가듯, 마지못해서라기보다 '하나님이 보내셨다' 는 분명한 믿음의 고백이 있었습니다.

지금 입대를 앞두고 있는 젊은이들이라면 이 책을 통해 큰 용기와 희망을 얻게 될 것입니다. 30여년 가까운 시절을 젊은이들과 함께 군목으로 살면서 이런 책이 꼭 필요하다고 생각해왔습니다. 군 생활의 이모조모를 안내해주는 책은 많이 있었지만 신앙 안에서 기쁨으로 군생활을 누릴 수 있도록 기대감을 심어주는 책은 이제껏 없었기 때문입니다.

이 책을 읽고 많은 분들이 군대에서 더욱 깊이 하나님을 만날 수 있기를 바랍니다. 기대감과 부르심, 그에 따른 구체적인 준비를 통해 멋진 2년을 보내는 데 이 책이 큰 보탬이 되기를 소망합니다.

✱ 추천사 4

힘차게 벽을 넘는 담쟁이넝쿨처럼

이기원 목사 (해군군종목사단장)

담쟁이덩굴의 무한 질주
어쩔 수 없는 벽이라 우리가 느낄 때
서두르지 않고 끝내 그 절망을 푸르게 다 덮은 후에
결국 그 벽을 넘고야마는 담쟁이

오를 벽이 있을 때 비로소 힘이 나고
말없이 온 몸으로 그 벽을 올라
마침내 수천의 깃발을 고지 위에 꽂는 담쟁이

담장을 넘은 담쟁이덩굴은 시간이 지나면 그 너머의 세상을 볼 수 있게 됩니다. 두툼한 벽이 가로막고 있었지만 어느새 그 벽을 벗삼아 더욱 부쩍 자란 것을 봅니다. 담쟁이넝쿨에게는 오히려 벽이 성장의 발판이 된 것입니다.
군에 온 많은 젊은이들이 목적없이 방황하며 좌충우돌하고 있습니다. 이 시간을 적당히 떼우면 되겠지 하는 마음도 있는 것 같고 어느 정도 자포자기하는 심정도 많은 듯 합니다.

  군대가기 전에 있는 대한민국의 젊은이들이 이 책을 먼저 읽어본다면 쓸데없는 방황을 하지 않고 꼭 필요한 곳에 가지를 드리우게 되리라 생각합니다. 똑같은 벽이 우리 앞에 막아설지라도 어떤 사람에게는 성장을 위한 선한 도구가 될 수 있다는 바람도 듭니다.

  그리스도의 푸른 계절과 오롯한 열매를 꿈꾸는 모든 이들에게 이 책은 맛깔스러운 영혼의 자양분이 될 것입니다. 담쟁이의 무한질주 본능을 가진 그리스도의 좋은 군사들에게 기쁨으로 이 책을 추천합니다.

✱ 프롤로그

　교회에서 함께 청년부 사역을 하던 J군은 소위 명문 대학에 재학 중인 엘리트였다. 뛰어난 판단력으로 일사천리 일을 진행하는 스타일이라 능력 면에서는 나무랄 데가 없었다. 다만 선배들에게 다소 불손한 태도를 보이거나, 후배들 앞에서 자기중심적으로 행동하는 것을 보면서 조언이 필요하다는 생각이 들었다.
　어느 날 J군이 나를 찾아왔다. "목사님, 저 입대를 결정했습니다." 사실 J군이 다니는 학교의 학과생들은 대부분 대학원에 진학해 방위산업체 등에서 대체 복무를 했다. 실제로 군복무를 하는 경우는 10% 정도에 불과했다. J군도 비슷한 선택을 할 거라 예상했던 내겐 뜻밖의 소식이었다.

군대는 나의 힘!

　J군은 그렇게 결심했지만 이 결정이 옳은 것인지에 대해서는 확신이 없어보였다. 나는 그에게 이전부터 지도자가 되려면 좋은 인

격과 희생이 필요하다고 얘기해주고 싶었는데 군에 간다니 내심 반가웠다. 나는 진심으로 그를 격려하고 싶었다. 밤새워 그와 이야기를 나눴다. 군 생활을 통해 몸에 밴 인내가 후에 사회생활을 하는 데 큰 버팀목이 되리라는 말도 전했다.

"네 결정에 박수를 보내고 싶은 걸. 군 생활을 통해 많은 것을 배울 거야. 그리고 특별한 준비 없이 입대하면 시간을 낭비하기 쉬우니까 목표를 분명히 정했으면 좋겠다."

얼마 후 J군은 입대했고, 강원도 인제에서 포병으로 자대 배치를 받았다. 휴가 나올 때마다 구릿빛 피부의 건강한 모습으로 나타나 "~말입니까?" "예, 알겠습니다!" 하는 군인 특유의 말투로 대화했던 기억이 아직도 생생하다.

세월이 흘러 해외 단기선교를 준비하며 바쁜 나날을 보내고 있던 어느 날이었다. 그때 주변사람들로부터 차기 준비위원장 감으로 한 청년을 소개받았는데 그는 다름 아닌 J군이었다. 제대 후 그는 모든 이들에게 능력과 인격 면에서 인정받는 귀한 일꾼으로 성장해 있었던 것이다. 군복무 후에 다시 만난 그에게는 성숙함과 책임정신이 묻어났다.

사람들은 그가 나이를 먹어가며 자연스레 성숙해졌다고 하지만 나는 군 생활로 인해 그의 의식구조와 말투까지 바뀐 것이라고 확신한다. 그가 군에 다녀오지 않았다면 이렇게 짧은 시간에 멋진 인성을 지닌 청년으로 변화될 수 있었을까? 군 생활을 통해 얻게 된

강렬한 투지와 전체를 바라볼 줄 아는 리더십은 그의 평생에 큰 자산이 될 것이다.

알고가면 즐거운 곳

우리나라에 태어난 남자들이 다 그렇겠지만 나 역시 어렸을 때부터 남자는 '군대 가면 고생'이라는 말을 숱하게 들으며 자랐다. 남자 인생의 가장 큰 걸림돌이 군대라는 생각은 어쩌면 당연한 생각 같았다.

20대가 되자 군입대 문제는 현실로 다가왔다. 먼저 입대한 친구들이 휴가 때마다 힘든 훈련생활과 군에서의 무용담을 이야기하면 나는 남 얘기가 아닌 것 같아 마음이 무거워지곤 했다.

그러다 덜컥 영장이 나왔다. 아무것도 준비되지 않은 상태에서 군에 들어갔다. 모든 것이 처음 겪는 상황이라 그 다음 일을 모른 채 상황상황을 몸으로 맞닥뜨리는 수밖에 없었다.

훈련병을 거치고 나서야 '아! 훈련병 생활은 착실하고 차분하게만 훈련에 참여하면 크게 어려운 일은 아니구나'라는 것을 깨달았다. 이등병 말년에는 어떻게 행동해야 인정 받는 이등병이 되는지 깨달았다. 일병의 바쁜 시기를 지난 후에는 바쁜 가운데 어떻게 여유를 내야 하는지 나름대로 지혜를 얻기도 했다. 상병 말년에는 중간리더가 지녀야 할 리더십의 중요성과 나의 위치를 다시 자각하게 되었다. 병장 시기를 지내면서는 말년에 많이 남는 시간을 어떻게 보내는 것이 좋겠다는 것을 깨달을 수 있었다. 이 모든 것을 포함하여 군생활 말년에야 비로소 군생활 전체가 무엇인지 조망할 수 있게 되었다.

'이런 상황들을 미리 알고 군생활을 했으면 얼마나 좋았을까!' 나의 안타까움은 이것이었다. 모든 깨달음은 시간이 다 지난 다음에 왔기 때문이다. 미리 알았다면 많은 일들에 대해 지혜롭게 대처하고 참 유익한 시간을 보낼 수 있었으리라는 아쉬움은 쉽게 접히지 않았다.

20대의 가장 큰 걸림돌이자 새로운 세계를 경험할 수 있는 기회인 군대. 나 역시 30개월 가까운 시간 동안 최전방인 철원에서 군생활을 했다. 군에서는 1호차 운전병과 대대군종(군대 종교행사를 담당하는 병사)으로 신교대(신병교육대)를 섬겼다. 병사로서는 지휘관을 모셨고, 신교대의 신병들에게는 복음증거 사역을 하였.

누구보다 군생활의 어려움을 알고, 또한 어떻게 그것을 극복할 수 있는지를 몸으로 익혔다. 모든 것이 이 책을 쓸 수 있도록 예비하신 것이었다고 말하고 싶다. 이제 땀과 눈물을 쏟으며 헤쳐나갔던 과정을 이 책에 풀어놓으려 한다.

나는 이 책을 통해 군대란 곳이 흔히들 하는 생각처럼 단지 시간만 낭비하고 어려운 훈련과 삭막한 인간관계만 있는 장소가 아님을 말하고 싶었다. 군대 생활은 한번 해볼 만하다는 것을 자신 있

게 이야기하고 싶다. 그 안에서 살아남을 뿐 아니라, 개인적으로도 성장하는 방법을 알려주고 싶다. 그뿐 아니라 군에서 수천 명에게 복음을 증거했던 사역에 대해서도 이야기하고 싶다. 나의 신앙과 함께 녹아든 이러한 경험들은 대한민국의 수많은 군인 후보생들에게 자그마한 힘이라도 실어주리라 확신한다.

나는 이 책이 군생활의 좋은 정보와 인사이트를 나누어주는 보고가 되었으면 좋겠다. 틈틈히 주어지는 개인 시간들을 잘 활용한다면 군대는 자기계발을 위한 최적의 장소로도 손색이 없다. 이 책은 그 모든 준비를 위한 최적의 가이드가 될 것이다.

1부. 두려움아, 저만치 가라

1장
나는 결코 혼자가 아니야

오늘의 수양록

실수 연발이다. 사회에서는 나름대로 내 몫을 잘 감당하며 인정받고 살았건만, 군대에 들어오니 몸이 말을 듣지 않는다. "정 이병! 똑바로 못하나!" 오늘 하루만 해도 이 말을 수십 번, 아니 수백 번은 들은 것 같다. 본의 아니게 관리대상에 들어가는 건 아닌지. 새로운 사회에서 새롭게 나의 자리를 만들어 간다는 게 두려울 뿐이다. 학벌도, 나이도, 집안도, 나의 경험도, 나를 말해주지 못하는 곳이 군대다. 군복 안에 갇힌 맨 몸뚱이 하나로 승부를 보아야 하는 곳이다. 나는 지금 나의 내면 가장 깊은 곳과 대면하러 간다.
자, 이제 시작이다.

진짜 문제는 두려움이 아니다

　개인에 따라 정도의 차이는 있겠지만, 대개 한두 가지 상황에 대해서는 누구나 두려움을 가지고 있다. 고대 희랍의 유명한 웅변가 데모스테네스는 '계단 공포증'을 가지고 있었고, 레오나르도 다빈치는 '숫자'를 강박적으로 두려워했다. 또한 작곡가 브루크너(Bruckner, 1824-1896)는 '문서'를, 로마의 통치자 시저는 '어두움'을 두려워했다. 영국의 셰익스피어는 '고양이 공포증'이 있었고, 철학자 파스칼은 '광장 공포증'에 시달렸다. 조선 영조의 아들 사도세자는 새 옷을 입는 것에 대한 두려움을 이기지 못해서 옷 한 벌을 너덜너덜해질 때까지 입었다고 한다.

　두려움은 과거의 몇몇 인물들이 겪었던 특별한 감정만은 아니다. 전문가들의 의견에 따르면 국민 열 명 중 한 명이 공포증 대상자라고 한다. 이렇게 특정한 부분에서 과한 공포를 느끼는 사람들이 점점 늘어가고 있다.

　이런 공포증을 가진 적은 없더라도, 전혀 경험해보지 못한 '군 입대'라는 문 앞에 선 젊은이라면 한번쯤은 '두려움'이라는 감정과 싸우게 된다. 군대의 엄격한 '군법'과 상하 관계가 명확한 조직 생활도 두려움의 요인 중 하나이다.

　그러나 대부분의 청년들이 가장 두려워하는 것이 무엇인줄 아는가? 바로 기존 인간관계로부터 단절되는 것이다. 혼자 남겨진 듯

한 외로움, '나를 사랑하고 내가 사랑하는 사람들이 혹시 나를 잊진 않을까…' 하는 염려가 그것이다. 군에 입대했다고 해서 외부세계와의 의사소통이 완전히 끊기는 것은 아니다. 그러나 이전에 비해 외부인과의 만남이 극히 제한되기 때문에 이런 물리적인 단절 상황은 입대 날이 가까워질수록 더 큰 두려움으로 다가오게 된다.

홀로 서는 연습하기

군대에 가면 마음을 나누고 삶을 나누던 '나의 사람들'과 헤어지게 된다. 그렇다고 해서 대화할 사람이 아예 없는 것은 아니다. 생활관('내무반'에서 '생활관'으로 명칭이 변경됨)의 동료들이나 후임들, 고참들 가운데 좋은 대화 상대가 있는 경우도 많다. 하지만 '계급사회'라는 특정한 분위기 속에서는 혼자 생각하고 결정해야 하는 상황들이 많아지게 마련이다. 늘 자신의 결정에 도움을 주었던 부모님이나 형제가 곁에 없다는 것이 큰 두려움으로 다가올 수도 있다.

그러므로 '헤어짐'은 이제 '홀로 설 수 있어야 함'을 의미한다. 나는 군 입대를 앞둔 청년들에게 가까운 곳이라도 혼자 여행을 가보라고 권한다. 학생 또는 직장인이라 여행을 갈 여건이 안 되는 경우에는 혼자 새벽기도회에 나가 한두 시간 기도하는 것도 좋다. 하나님 앞에서 자신의 마음을 내려놓고 그 시간이나마 '혼자 있는' 연습을 해야 한다.

잠시나마 혼자 있는 시간을 가지려면 굳은 결심과 적극적이고 강한 의지가 필요하다. 나처럼 독자(獨子)로 자라온 사람들은 평소 혼자 생활하며 결정하고 판단하는 데 익숙할 것이다. 혼자 있는 연습이 잘 된 사람은 군 생활 속에서 고독함보다는 안정감을 느낄 수도 있다.

나는 입대하기 전에 혼자서 한두 시간씩 꾸준히 기도하는 시간을 가졌다. 물론 이런 시간은 바쁜 군 생활 중에도 계속되었다. 이렇게 혼자 있는 시간을 통해 하나님과 더욱 가까워질 수 있었다. 내 동기 한 명도 입대 전에 열흘 정도 혼자 여행을 다녀왔다. 그 역시 홀로 자신을 돌아보는 시간을 가졌던 것이 입대 후 자리를 잡는 데 많은 도움을 주었다고 한다.

이렇게 혼자 있는 연습 못지않게 '함께 살아가는 훈련'도 필요하다. 최근 우리나라의 출산율이 세계 최저라는 보도가 이어지고 있다. 갈수록 형제나 자매 없이 성장하는 자녀들이 느는 형편이다. 이렇게 내 것, 나만의 공간에 익숙한 청년들은 군대의 공동체 생활에 큰 불편을 느끼게 된다.

공동체 생활이 익숙지 않을 때는 교회 내의 단기선교나 수련회, 봉사활동 등에 적극 참여하라. 여럿이 함께 어울려 생활하는 법을 배워야 한다. 때로는 불편하고 자기 마음에 맞지 않을 때도 있지만, 그 상황을 극복하는 법을 미리 터득하고 군대에 간다면 '대처 능력이 빠른 사람'으로 평가받는다.

홀로 서는 것과 함께 사는 것이 익숙해지면, 안정된 군 생활을 기대할 수 있다. 하지만 여러 가지 형편으로 인해 이런 마음의 준비를 못한 채 군에 가는 청년도 있을 것이다.

그렇지만 살아계신 하나님, 동행하시는 하나님을 신뢰하며 나아갈 때 우리는 모든 상황 속에서 문제를 해결할 열쇠를 얻을 수 있다. 하나님께서는 우리가 가장 힘들고 어려울 때, 외롭고 아파할 때 자신을 가장 명확하게 드러내신다. 우리와 늘 함께하시는 주님을 기억해야 한다.

편견을 버리면 두려움도 길을 잃는다

군에 입소하면 훈련소에 가기 전에 3박 4일 동안 '입소대대'에 머문다. 여기서 신체검사를 하고 군복, 군화 등 앞으로 2년 간 사용할 군 보급품을 지급받는다.

이때는 비록 훈련이 없어 몸은 편할지라도 마음만은 극도의 두려움에 휩싸여 있다. 곧 시작될 군 생활에 대한 심리적 불안감 때문일지도 모른다. 신체검사에서 부적격자로 판정받은 동기들이 그렇게 부러울 수가 없다. 집으로 돌아가는 차에 오르는 청년들의 발걸음이 가벼워 보이고, 나도 그 차에 올라타고 싶은 생각이 간절해진다.

〈쇼생크 탈출〉이라는 영화를 보면 장기 복역수들이 담담한 표정

으로 감옥 문에 들어왔다가 첫날 밤 흐느껴 우는 장면이 있다. 감옥과 군대는 분명 차이가 있지만, 입소대대에 들어온 예비 군인들의 심정도 아마 이와 비슷할 것이다. 환경의 변화에서 오는 두려움과 불안감 또는 절망감이 순간순간 마음을 스치고 지나간다.

그러나 이런 상황은 3일 이내에 끝난다. 곧 친구를 사귀고 함께하는 동기들 속에서 익숙함을 느끼게 될 것이다. 비슷한 심적 부담을 느끼고 있는 동기들은 어려운 상황 속에서 쉽게 마음을 열고 친해진다. 입소대대에 머무는 동안 몇 사단에 가서 훈련을 받으면 편하고, 어떤 사단은 민간인들과 가깝다는 등의 소문도 듣는다.

밤새 컴퓨터가 배정판을 돌리는 동안 나 역시 편한 곳에 배정받게 해달라고 간절히 기도했다. 그러나 결국 내가 배정 받은 곳은 '최전방'이었다. 모든 사람들이 피하고 싶어 하는 그곳. 하지만 그곳에서 나는 귀한 사람들을 만났고, 모든 것이 하나님의 계획하심 안에 있음을 고백할 수 있다.

지금이야 세상이 많이 바뀌었지만, 1980년대만 해도 군에 다녀오지 않은 남자들에게는 많은 사회적 제약이 따랐다. 공무원 시험을 보더라도 군필(軍畢)자에게는 가산점을 주었다. 군에 다녀오지 않은 이들은 취업하는 것도 쉽지 않았다. 게다가 남자들의 세계에서는 서로를 평가하고 인정하는 기준이 군필 여부에 달려 있다 해도 과언이 아닐 만큼, 중요한 부분이었다.

물론 지금은 제도도 바뀌고 사람을 평가하는 기준도 많이 달라졌다. 군생활 환경도 많이 개선되었다. 요즘 들어 연예인들이나 사회 저명인사의 자녀들이 다른 나라 국적을 포기하면서까지 군 입대를 결정하는 사례도 종종 접한다. 군 복무를 마친 후 얻게 되는 자유와 유익이 결정적인 이유이겠지만, 군이 좋아진 이유도 큰 몫을 했을 것이다.

막사만 봐도 이를 알 수 있다. 과거 여럿이 누워 열을 맞춰 잤던 재래식 막사에서 이제는 개인 침대를 사용하는 신식 막사로 많이 탈바꿈하고 있는 중이다. 생활관의 1인당 활용공간 비율도 높아졌다. 예전에는 상상할 수도 없었던 동아리 활동의 활성화도 괄목할 만한 변화다.

상하 관계가 엄격하던 과거의 군 문화에서 벗어나 개개인의 자율성과 개성, 자기계발 욕구를 실현할 수 있도록 배려한 것도 눈에 띈다. 고참들이 이등병을 함부로 대한다는 것도 옛말이다. 요즘엔 오히려 이등병에서 일병으로 넘어가는 순간이 더 힘들다고 말하는 병사들도 있다. 자신이 챙기고 관리해야 하는 후임들에 대한 부담감 때문이라 생각된다.

신세대 고참들은 후임에게 개인적인 심부름도 시키지 않는다고 한다. 해를 거듭할수록 병사들 간의 관계가 합리적으로 변하고 있다. 과거 군 생활을 겪은 이들의 하소연처럼, 말도 안 되는 구실로 기합을 주거나 폭력을 가하는 일은 이제 거의 찾아볼 수 없다.

군 생활에 대한 막연한 두려움은 접어두기로 하자. 우리는 아무 것도 두려워할 필요가 없다. 우리의 군 생활도 태초부터 시작된 하나님의 계획 속에 있음을 믿고 순종하며 그 길을 가면 된다.

이제 우리는 하나님께서 군 생활에 예비해두신 귀한 보물들을 찾으러 갈 준비를 해야 한다. 새로운 마음으로 자리에서 일어나 힘차게 발을 내디뎌 보자. 두려워 말라 하신 이가 우리와 함께 하시는데, 무슨 걱정이 있겠는가? 우리의 아버지 되신 하나님께서 예비하고 준비하셨는데, 어찌 부족함이 있겠는가?

 에피소드

귓가에 들리는 듯한 기도의 함성
(전역 전경, 나연수)*

"인근 부대에서 사망한 경찰이 나왔대. 시위대의 무기도 점점 강해지고 그 수위도 높아지고 있다나봐." 숟가락이 어디로 들어가는지도 모른 채 식사를 마쳤다. 시위 진압 원정길에 나서던 아침, 여기저기서 들려오는 소문에 발끝부터 긴장감이 밀려왔다.

따뜻한 봄기운이 완연한 4월 어느 날로 기억한다. 울산 지역의 시위가 점점 극한 상황으로 치닫게 되면서 서울 지역의 수십 개 기동대가 원정을 나섰다. 사태가 장기화되며 시위대와 진압 부대의 부상자가 속출했고, 내가 속한 부대까지 차례가 돌아와 나 또한 추가 원정부대의 일원으로 울산으로 향하는 버스에 몸을 실었다.

주위가 어두워질 무렵 우리 부대는 울산의 한 체육관에 짐을 풀

---
*에피소드의 필자는 모두 실명이며, 각각의 글 역시 실제 경험임을 밝혀둡니다.

고 비상근무 태세로 돌입했다. 시위 상황이 도를 넘어서자 우리는 여독을 풀 시간도 없이 곧바로 폭력시위 진압훈련을 강행했다. 이튿날 긴장된 마음으로 폭력 시위 진압에 투입될 무렵이었다.

그런데 거짓말처럼 평온한 기운이 울산 지역에 감돌았다. 하나 둘 들려오는 소식에 의하면 지난 밤 시위를 주도하던 노조와 회사 간에 극적인 타협이 성사되었다고 했다. 사고가 많았던 진압 현장에 투입되기 전에 사태가 해결된 것은 정말로 놀라운 하나님의 은혜였다.

그저 두려운 마음으로 원정길에 나섰던 우리 부대는 다른 진압 부대와 함께 울산에 있는 해수욕장에서 즐거운 휴가를 보낼 수 있었다. 모처럼 고참들과 격의 없는 시간을 보내며 친해졌고, 산과 계곡을 돌며 긴장했던 심신을 달랬다. 우연히 어떤 계곡에서는 우리와 대치 상태에 있던 시위대원들을 만나서 함께 민중가요를 부르며 대화도 나누었다. 뜻밖의 곳에서 값지고 즐거운 경험을 하게 된 것이다.

그 후로 시간이 많이 흘러 제대할 무렵 어느 날, 한 선배가 지나가며 내게 말했다. "너 쫄병 때 말이야. 네 동생이 오빠 울산에 원정 간다고 눈물로 기도부탁을 하고 다니더니, 벌써 제대할 때가 됐구나!" 순간 가슴 깊은 곳에서부터 뜨겁게 차오르는 감격에 몸 둘 바를 몰랐다. '그랬구나! 그 순간 나를 위해 눈물로 기도한 사람들이 있었구나!'

그저 운이 좋았다고만 생각했었는데…. 하나님께서는 나를 위해 기도하는 이들의 눈물을 보셨고, 신실하게 응답하셨다. 그 때, 그들의 기도에 응답하신 하나님, 당신을 찬양합니다!

2장
그녀가 나의 리브가라면…

오늘의 수양록

꼭 잡은 손을 놓을 수가 없었다. 마지막까지 눈물을 감추지 못했던 여자친구 얼굴이 눈앞에 아른거린다. 나를 기다리겠다던 그녀의 한 마디. 2년이란 시간이 우리를 갈라놓는 건 아닌지, 나는 그저 두려울 뿐이다. 눈물 보이는 여자친구치고 기다려주는 사람 못 봤다던데… 군에 오니 이런 말 한마디에 연연해하는 내 모습이 더 싫어진다. 이렇게 자유롭게 만날 수 없는 곳에서 이별을 경험하지 않았으면 하는 게 내 소원이다. 그녀의 답장이 늦어지면 또 며칠을 불안해하며 보낸다. 2년을 이렇게 살아야 한다니…
글쎄… 내가 해낼 수 있을런지…

최고의 관심사, 고무신의 향방

늘 함께하던 부모 형제들과의 헤어짐도 몇 시간이 채 되지 않아 짙은 그리움으로 다가온다. 하물며 사랑하는 여자친구를 두고 군에 가야 하는 청년들의 마음은 오죽하겠는가? 그 괴로움과 불안함, 초조함은 말로 다 할 수 없다. '혹시 그녀의 마음이 변하진 않을까?' '내가 없는 동안 다른 사람이 그녀에게 프로포즈하면 어떻게 하지?' '그녀가 정말 나를 기다려줄까?'

군 복무 기간 동안 혹시 찾아올지 모르는 극한 상황을 상상해보기도 한다. 그놈의 '고무신'이란 말만 나와도 가슴이 철렁 내려앉을지 모른다. 기다려줄 것인가 말 것인가. 요즘에는 군화를 거꾸로 신는 사람도 많다. 혹 그녀가 내 짝이 아니어서 헤어지게 되더라도 외로운 군 생활 기간만큼은 피해주길 바라는 이들도 있다.

군 생활 관련 사이트에서 '여자친구가 과연 나를 기다려 줄까요?'라는 질문에 달린 답글이 기억에 남는다. "저는 여자친구와 19살에 만나 26살이 된 지금까지 7년째 예쁜 사랑을 키워가고 있습니다. 물론 그녀는 제가 군대에 다녀오는 동안도 기다려줬어요. 저는 그녀가 기다려주길 바라는 마음보다 그녀가 기다릴 수 있도록 만드는 게 더 중요하다고 생각했어요. 서로 믿고 의지하며 지내다 보면, 군대뿐만 아니라 더 먼 곳에 떨어져 산다 할지라도 예쁜 사랑을 키워갈 수 있다고 믿습니다."

그렇다. 긴 인생의 여정 중에 군 생활 2년은 두 남녀가 서로 사랑하는 마음으로 고난을 함께 이겨낼 수 있는지 알아보는 리트머스 시험지 같은 역할을 할 것이다. 그녀가 하나님께서 예비하신 리브가 같은 여인이라면, 분명 하나님께서 그녀의 마음을 지켜주시고 모든 상황 가운데 이겨낼 힘을 주실 것이다. 이것을 믿고 담대히 나아가는 게 바로 믿음이다.

그녀를 도와야 할 의무가 있다

여자친구를 남겨두고 군에 입대하는 청년들이 알아야 할 중요한 사실은, 군대에 가는 형제들만큼 남겨진 자매들도 두렵고 힘들 수 있다는 것이다. 형제가 돌아올 때까지 기다리는 게 옳은 것인지, 새로운 사람이 다가왔을 때는 어떻게 해야 하는지, 형제가 군에 가서 마음이 바뀌진 않을지, 외로운 마음을 어떻게 다스려야 하는지 등등 자매들에게도 셀 수 없는 고민과 두려움이 찾아온다.

나 또한 군대에 있을 때 지금의 아내를 만났다. 나는 그녀에게도 위로가 필요하다고 생각했고, 내가 할 수 있는 최선으로 편지에 마음을 담아 전했다. 서로의 안부와 마음을 주고받는 편지를 통해 우리 부부는 사랑과 믿음을 키웠고, 결국 오늘의 가정을 이루게 되었다. 나는 군인 시절을 통해 정성이 담긴 진심은 상대방의 마음에도 여과 없이 전달된다는 것을 배웠다.

우리 생활관에는 여름철만 되면 자신의 여자친구가 다른 남자들과 놀러 다닐까봐 걱정하고 괴로워하는 게 하루 일과였던 고참이 한 명 있었다. 이런 마음은 상대를 향한 믿음이 없기 때문에 생긴다. 정말 믿고 사랑하는 자매라면 그녀에게 자유롭게 날 수 있는 날개를 달아줘야 한다. 그녀가 당신을 정말 사랑한다면 날 수 있음에도 날아가지 않고 마음을 지킬 것이다.

그녀가 힘들지 않도록 도와주는 것은 형제의 몫이다. 그 몫을 감당하지 않고 그녀가 기다려주기만을 바라는 것은 직무유기라고 할 수 있다. 여자친구에게 당신의 마음을 보여주어야 한다. 꾸준한 사랑의 메시지는 그녀의 마음을 움직일 것이다. 남겨진 자매도 입대한 형제 못지않은 관심과 사랑을 필요로 하고 있고, 충분히 두렵고 힘들다는 사실을 잊어서는 안 된다.

내가 양육하던 K군은 교제하던 자매가 미국으로 어학연수를 가게 됐다며 섭섭한 마음을 감추지 못했다. 1년이 넘는 시간 동안 떨어져 있어야 한다는 현실보다 형제를 더 힘들게 했던 것은 그를 향한 여자 친구의 불분명한 마음이었다. 그녀에겐 형제에 대한 확신이 없었다. 그녀는 그저 K군이 잘해주는 것에 만족하며 교제를 해온 것이었다.

헤어짐을 앞두고 두 사람은 서로의 감정을 돌아보게 되었다. 형제는 그녀를 놓치지 말아야겠다고 생각했다. 여자 친구가 미국에 가 있는 일년 동안 하루도 빠짐없이 그녀에게 편지를 보냈다. 어느

세 자매의 마음속에는 그를 향한 믿음이 싹트기 시작했다. '내가 그를 정말 사랑하는지 확신할 수 없지만 결혼을 하게 된다면 꼭 그와 할거야' 는 생각으로 그녀는 한국에 돌아왔다.

결국 K군이 보여준 사랑에 감동한 그녀는 그와 결혼하기에 이르렀다. 자매는 지금도 K군이 자신이 미국에 있는 동안 보내준 편지 이야기를 하며, 그의 꾸준한 사랑 표현에 마음이 녹았고 그를 더욱 신뢰하게 됐다고 고백한다.

그녀가 고난의 시간을 함께 했다면

내가 쏟는 사랑만큼 그녀가 마음을 지켜줬다면 절대 그녀를 놓치지 말아야 한다. 제대 후에 다른 자매에게 마음이 가더라도 군복무 기간을 기다려준 자매를 선택하라. 이렇게 긴 시간 동안 한 자매를 검증하기란 쉽지 않다. 평생 한번 있을까 말까 한 테스트 기간이다. 그녀가 긴 시간 동안 기도하는 마음으로 당신을 기다렸다면 이제는 당신이 그녀를 평생의 동반자라 생각하고 기쁨으로 책임져야 한다.

청년 사역을 하며 알게 된 A군이 얼마 전 내게 청첩장을 보내왔다. 분홍색 리본으로 예쁘게 묶여 있는 청첩장 속에는 깨알 같은 글씨로 그들의 결혼 사연이 적혀 있었다. 군 복무기간을 기다려준 신부에게 고마워하는 A군의 마음과 애인이 군대가 있는 동안 더 큰 믿음을 키웠다는 신부의 고백이 담겨 있었다. 이 청첩장은 때와 장소만 간단히 적어 보낸 다른 초대장과는 사뭇 다른 느낌을 주었다. 이렇듯 아름다운 기다림이 낳은 믿음과 사랑의 결실은, 이미 2년 간의 훈련 기간을 거쳤기에 거센 비바람 앞에서도 흔들림이 없으리라 확신한다.

사람의 마음을 주관하시는 이는 하나님이시다. 하나님의 살아계심과 동행 그리고 인도하심을 신뢰한다면 내가 가장 힘들 때에 나와 함께해준 그녀를 더욱 사랑해야 한다. 당신의 불안함을 견고한 믿음으로 지켜준 그녀는 격려 받고 사랑 받아야 마땅하다.

자매들에게도 동일하게 권한다. 기도하는 가운데 형제를 기다리기로 결정했다면 그에 대한 신의를 지켜라. 반면 마음을 지키며 끝까지 기다렸지만 그의 마음이 변했다면, 미련 없이 그 형제와 헤어지는 게 나을 것이다. 그런 사람과는 결혼하지 않는 게 오히려 잘된 일이다. '기다린 시간이 아까워 포기할 수 없다'는 생각은 금물이다. 당신은 최선을 다했고, 당신의 마음을 아는 하나님께서 더 좋은 것으로 축복해주실 것이다.

 에피소드

고무신, 나는 처음부터 아예 신지 않았다
(여자 친구, 이지희)

5년이란 짧지 않은 연애사를 돌아보니 남자 친구를 군대에 보냈던 2년의 시간이 참 귀했다는 생각이 든다. 떨어져 있던 시간동안 서로를 더욱 지켜주고, 신뢰해야 함을 알았다. 그 시간이 만들어낸 믿음이 너무 소중해 그저 감사할 뿐이다. 그때 그 시절의 일기를 잠시 들춰보았다.

외모에 관심이 많았던 유석이를 위해 자외선차단제를 샀다. 조그만 상자 안을 하트 모양으로 아기자기하게 꾸미고 책 한 권과 불이 번쩍번쩍 들어오는 야광 손목시계 그리고 내 사진을 넣었다. 이 선물을 받으면 유석이가 좋아하겠지. 내무반 사람들을 위해 함께 넣어둔 초콜릿이 한 몫 감당해주길 바라는 마음도 함께 담았다.
(2002년 7월 18일)

"지희야. 너 그렇게 정성들이다가 유석이가 군화 거꾸로 신으면 어떻게 할거야? 누가 그 청춘 물어주지도 않는다." 한두 번 들은 말도 아닌지라 그냥 흘려들었다. 가끔 그럴지도 모른다고 생각이 들지만 그리고 내 마음도 변할지 모르지만 두려워하지 않기로 결정했다. 오늘도 잠자리에 들기 전에 이렇게 기도했다. "하나님, 제 마음과 유석이의 마음을 지켜주세요. 100명 중 99명이 헤어진다고 해도, 남은 1명이 저였으면 좋겠습니다." 너무 이기적인 기도다. 하지만 이게 나의 진심이고, 이 진심을 지키기 위해 오늘도 마음을 지킨다.
(2003년 1월 23일)

남자친구를 군대에 보내놓고 나니 제일 듣기 싫은 말이 '군화가 어쩌고, 고무신이 어쩌고' 하는 말이다. 그래서 나는 차라리 고무신이라는 거, 처음부터 아예 신지도 않기로 했다. 거꾸로 신을 고무신 없이 홀로서기를 시작하는 것이다. '나의 인생을 그려볼 때 2년은 너무 짧다. 너무 짧다. 너무 짧다…' 이렇게 스스로에게 위로하면서.
(2003년 4월 3일)

지난 일기를 열어보니 괜히 마음이 짠해진다. '이렇게 기다렸구나.' 몇 년 전 내 모습이 어리게만 느껴지는데 그 시간을 함께하며 더욱 견고해진 우리 커플을 생각하니 고마운 마음도 든다. 유석이와 나, 우리 두 사람에겐 군대에서 보낸 2년의 시간이 더 없이 값지

고 귀하다. 그 시간을 통해 서로에게 있는 귀한 면들을 발견할 수 있었기 때문이다.

하나님의 사람은 모든 만남 속에서 그분의 인도하심과 보호하심을 신뢰하며 나아가야 함을 배웠다. 이 마음을 아시는 주님이 관계를 지켜주시고 아름답게 열매 맺게 하신 것임을 믿는다. "주님, 그가 군에 다녀올 동안 기다릴 수 있는 힘을 주셔서 감사해요. 그에게 기다린 시간을 선물할 수 있어서 정말 행복합니다."

3장
고통의 성(城)에서 배우는 인내

오늘의 수양록

　이곳에선 그저 참아야 한다. 두려움도 참고 고통도 참고, 그리움도 참아야 한다. 이렇게 계속 참다보면 제대할 날이 오겠지. 그런데 이런 두려움과 고통의 시간이 나를 과연 자라나게 할지... 오히려 고통의 성에 갇히진 않을까? 연습이라도 하고 온 듯 잘 적응하는 동기들을 보면 그저 신기할 뿐이다. 도망가고 싶은 마음을 실행에 옮기는 것이 어리석은 짓이란 것쯤은 나도 안다. 마음 둘 곳이 없다. 내가 이렇게 불안한 모습의 사람이었는지...

통제의 순간 vs 순간의 자유

　군대에서는 누군가가 나의 일과를 정해놓고 한 치의 오차도 없이 시행하라고 명령한다. 어떠한 일탈도 허용되지 않는 곳에서 2년씩이나 살아야 한다는 게 청년들이 군 입대를 망설이는 이유 중 하나다. 사람은 더 편하고, 더 자유로운 곳을 찾아가려는 본성이 있다. 그런데 군대에서는 이런 '자유로움'에 대한 인간의 기본적인 욕구를 어느 정도 포기해야 한다.

　중고등학생 시절 내내 입시와 진로를 앞두고 절제된 생활을 하다가 처음으로 자유를 만끽하게 되는 시기가 바로 20대 초반이다. 성인으로서 책임과 의무감을 지니고 이제 막 인생의 항해를 시작하려는 젊음의 때인 것이다. 이 시기에 '군대'라는 곳은 곧 그러한 자유를 구속하는 이미지로 다가와 두려움을 증폭시킨다.

　단칸방에서 살다가 방이 많은 집으로 이사가는 것보다 넓은 집에서 좁은 집으로 옮겼을 때 적응하는 시간이 더 오래 걸린다고 한다. 20대 초반에 군대에 가는 청년들의 심리도 이에 비유할 수 있다. 처음으로 자유로운 생활을 실컷 만끽하다가 군대라는 통제권 아래로 들어가면 더 큰 불편함과 답답함을 느끼게 된다.

　내가 군 생활을 했던 훈련소에서는 훈련병들이 부자유한 생활을 참지 못하고 탈영하는 것을 막기 위해 헌병대를 방문하게 했다. 그곳에서 탈영하다가 잡혀온 병사가 나와서 탈영하지 말라고 권고하는 시간도 있었다. 답답함을 참지 못해 자살한 병사의 시신 사진도 보여주었다. 이런 교육은 잔뜩 긴장하고 있는 훈련병들에게 일탈이 얼마나 무서운 결과를 가져오는지 알려주었다. 또한 답답하고 부자유한 곳에서 인내가 꼭 필요함을 각인시켰다.

실제로 군법은 민간인들에게 적용되는 법보다 더 엄격하다. 탈영의 경우, 평생 지울 수 없는 낙인으로 남게 된다. 몸만 군대를 빠져나가는 말 그대로의 '탈영'이 있는가 하면, 단검 하나라도 들고 나가는 '무장 탈영'이 있다. 무장 탈영은 그 죄목이 무거워 죗값이 더욱 커진다.

일단 탈영을 한 병사들은 자포자기하는 심정으로 극단적인 행동을 서슴지 않는다. 이것은 매우 어리석은 짓이다. 자유를 찾아 나갔다가 더 큰 부자유의 덫에 걸리는 결과를 가져올 뿐이다. 탈영한 병사는 체포 즉시 영창으로 보내지고, 헌병대의 엄격한 통제 속에서 생활한다.

탈영한 후 바로 잡히지 않고 잘 피해 다닌다고 해서 상황이 해결되진 않는다. 사회에서 죄를 지은 경우처럼 일정 기간이 지났다고 해서 죄가 말소되지도 않는다. 사회인으로서도 사람다운 삶을 살 수 없도록 '평생 죄인'이라는 굴레가 발목을 잡게 된다. 체포 후에도 감옥에서 보내는 시간은 군 복무 기간에서 제외되기 때문에 의도했던 자유와는 더욱 멀어진다. 결국 두 배의 고통을 감수해야 하는 것이다. 전 인생을 통틀어 짧다면 짧은 통제의 기간 2년, 그 안에서 '순간의 자유'를 향한 일탈은 통제 속의 통제를 낳는 참혹한 결과를 가져온다.

극한 고통, 훈련에 대한 두려움

군대에 다녀온 선배들이 했던 말들이 머릿속을 떠나지 않는다. "한 여름에 20kg짜리 완전군장을 하고 20km씩 걷는다고 생각해봐라. 특공대 가면 40kg짜리 완전 군장을 해야 해. 행군 중에 발바닥이 다 짓무르게 되어도 멈춰선 안 돼" "한겨울 한파 속에서 동상이 걸린 채 기압을 받았다고. 동료 하나가 잘못해서 한겨울에 훈련장에 앉아 아침을 맞은 적도 있어!" "고참과 선임하사들이 어찌나 괴롭히던지, 정말 죽을 맛이었어" "사람이 가장 두려움을 느끼는 높이에서 뛰어 내려야 돼."

엄격한 규율 속에서 극한 훈련을 받는 곳. 과연 내가 그곳에서 고된 생활을 견뎌낼 수 있을까? 고참들과의 관계 속에서 때때로 느끼는 부당함을 참아낼 수 있을까? 하지만 너무 걱정할 필요는 없다. 대한민국 대부분의 남자들이 이 기간을 무사히 마쳤다. 나도 체력이 그리 좋지 않은 사람인지라 훈련에 대해 큰 두려움을 갖고 입대했다. 하지만 행군과 화생방 훈련까지 다 받은 후 내린 결론은 '할 만하다'는 것이다. 적어도 '죽을 지경'은 아니다.

군대도 일반 사회조직과 다를 바 없이 사람들이 생활하는 곳이다. 나보다 조금 더 먼저 훈련을 받은 사람들이 고참이 되어 있는 것이고, 나보다 조금 늦게 입대한 사람들은 후임이 된다. 관계 속의 어려움에 대해서도 너무 두려워할 필요는 없다. 무섭게 호령하는 고참은 피도 눈물도 없어 보이지만, 그들도 알고보면 따뜻한 정이 있는 우리와 같은 사람일 뿐이다.

고된 훈련은 군 생활의 일부일 뿐이고 군대 안에도 평화롭고 일상적인 삶이 있다는 사실을 기억해야 한다. 맡겨진 보직을 감당할 때 느끼는 만족감도 무시할 수 없다. 군 생활에서 우리를 정말 힘들게 하는 것은 고된 훈련이 아니라 그 훈련에 앞서 느끼는 긴장감과 두려움이다. 하지만 정작 실전에 들어가면 그것이 곧 기우였음을 깨닫게 된다. 우리가 생각하는 것보다 상황이 그리 나쁘지 않음을 기억하라!

"사람이 감당할 시험 밖에는 너희가 당한 것이 없나니 오직 하나님은 미쁘사 너희가 감당하지 못할 시험 당함을 허락하지 아니하시고 시험 당할 즈음에 또한 피할 길을 내사 너희로 능히 감당하게 하시느니라"(고전 10:13).

이 말씀을 가슴에 새기고, 외우고 입대하라. 힘든 순간마다 이 말씀이 이겨낼 힘을 주실 것이다.

후회로 남았을 기억 한 조각

전도사로 청년 사역을 하던 시절, 늦은 밤 요란하게 울리는 전화 벨 소리에 잠이 깼다. 얼마 전 입대한 H군이었다. 입영한 지 일주일밖에 되지 않은 그가 이 시간에 나에게 전화를 했다면 분명 큰일 일 거란 생각이 들었고 이내 마음이 초조해졌다.

"전도사님, 저 나왔습니다. 저 좀 도와주세요." 심히 떨리는 목소리가 전화선을 타고 전해졌다. 나는 H형제에게 다급히 물었다. "너 지금 부대에서 뛰쳐나온 거지? 지금 거기가 어디냐?" 그는 탈영했다고 하고는, 정신이 없었는지 청바지와 모자를 챙겨 대전역으로 나와 달라는 말만 되풀이했다.

순간 가슴이 '쿵' 하고 무너져 내리는 것 같았다. 군에서 탈영이 무엇을 의미하는지 너무나도 잘 알고 있었기 때문이다. H군이 순간의 잘못된 판단으로 평생을 고통과 후회로 보낼 수도 있다는 데 생각이 미쳤다. 나는 최대한 침착하게 그를 설득했.

"당장 부대로 돌아가라! 지금도 늦지 않았어! 조금이라도 빨리 부대로 들어가면 생각보다 쉽게 일이 마무리 될 수 있으니 빨리 발길을 돌려!" 부대에서도 H군이 탈영한 사실을 알면 난리가 날 게 불 보듯 뻔했다. 나의 계속되는 간청에도 그는 청바지와 모자를 갖다 달라는 말만 남겼다. 잠시 정적이 흐른 후 전화는 끊어졌다. 더 이상 통화가 어려워지자 나는 그 길로 교회로 달려가 하나님 앞에

엎드렸다.

"하나님! H군을 인도해주십시오! 제발 그를 살려주십시오!" 몇 시간을 기도했는지 모른다. 새벽녘에 집에 돌아왔는데 다시 전화벨이 울렸다. 어떻게 우리 집 전화번호를 알았는지 H군의 소대장이 전화를 한 것이다. H군이 다시 부대로 복귀했다는 내용이었다. 순간 나도 긴장이 풀리며 그 자리에 엎드려 하나님께 감사의 기도를 올려드렸다. H형제는 부대를 이탈한 혐의로 수십 일간 영창 생활을 했다. 하지만 일이 거기서 마무리 된 것만도 감사한 일이다.

영장이 나올 무렵, 청년들이 군 생활에 대해 두려움을 갖는 것은 어쩌면 너무도 당연한 일이다. 나 또한 그랬고, 아마 군대에 간 이 땅의 모든 남자들이 그런 두려움을 경험했을 것이다. 내가 아는 어떤 청년은 "자유를 빼앗긴 채 감옥에 가는 느낌이었다"고 표현하기도 했다. 예전에 비해 군 훈련이나 기합의 강도가 낮은데도 불구하고 요즘 신세대 병사들은 곳곳에서 부대를 이탈하는 일이 많다고 한다.

인간관계의 어려움과 고된 훈련에 대한 막연한 두려움, 퇴근 시간도 없이 24시간 공동체 생활을 해야 하는 불편함을 뛰쳐나가는 충동으로 표출해서는 안 된다. 그 안에서 온전히 인내하며 감당한 시간이 보석처럼 빛을 발하게 될 때가 있을테니 말이다.

때때로 어제 군에 간 형제가 오늘 제대한다고 느낄 때가 있다. 남의 시간은 왜 이리 빨리 가는지 모르겠다. 하지만 정작 당사자들

은 그 시간이 길고 지루하다고 하소연이다.

벗어나고 싶은 추억, 그러나 이 강렬하고 독특하며 색다른 경험이 남긴 진한 그리움은 누구도 부인할 수 없을 것이다. 감상적으로 들릴지 모르는 이 '추억'이라는 단어가 삶을 살아가는 데 있어 중요한 이정표가 되어준다. 인생의 선배들만이 남길 수 있는 깊이 있는 한마디이기도 한다.

인내의 그릇을 넓혀라

최근 보도에 따르면, 연간 군 입대자들 중 85%가 대학 재학 이상의 학력을 가지고 있다고 한다. 입대자들의 높은 교육 수준이 일반화되면서 예전에 비해 군 문화도 많이 정화되었다. 명령과 복종의 풍조가 사라져가고 구타나 욕설 등 폭력의 강도도 낮아졌다. 군 복무 기간도 많이 줄었다. 여러 모로 군 생활이 더 편해졌다고 말할 수 있다.

그러나 이렇듯 객관적으로 군 복무 환경은 개선되었지만 청년들의 인내심은 더 약해졌다. 독자(獨子)들의 비율이 갈수록 높아지고 있고, 안락한 삶에 익숙한 젊은이들이 느끼는 고통지수도 이전보다 높아졌기 때문이다.

요즘 군인들은 물리적 폭력보다는 언어적 폭력에 더 큰 거부감을 나타낸다. 내가 훈련받던 신병 교육대에서는 한 훈련병이 동료들에게 작별을 고하고 2층에서 뛰어내린 일이 있었다. 다행히 엉덩이에 타박상만 입은 채 사태가 종결됐지만 우리에겐 정말 충격적인 상황이었다. 그 동료는 신병들을 효율적으로 통제하기 위해 조교가 엄격한 목소리로 호령하는 것에 불만을 품고 극단적인 행동을 취했다. 이밖에 고참의 욕설을 견디지 못하고 난폭한 행동을 일삼는 동료도 있었다.

이처럼 말은 사람을 다치게 하고, 심지어 죽일 수도 있다. 쉽게 뱉어낸 한 마디가 한 사람의 삶 전체를 뒤흔드는 고통이 될 수도 있다. 누군가 내게 말로 상처를 줄 때 한 귀로 흘려버리는 지혜도 필요하다. 이러한 지혜는 마음을 다스리는 인내에서 나온다.

P군은 소대장으로 군 복무를 하게 되었는데 '기도하는 마음으로 최대한 병사들을 위하며 군 생활을 해야지'라고 마음먹고 입대했다. 하지만 거친 병사들을 다룰 때에는 자신도 모르게 욕설이 나왔다고 한다. 군대라는 상황이 젊은이들의 마음을 그렇게 만드는 것 같다. 우리는 거친 언어가 말의 권위를 세워주지 않는다는 사실을 알아야 한다. 이는 서로의 마음을 상하게 할 뿐이다.

군대는 누구나 일탈을 시도할 만큼 부자유한 곳이 아니다. 긍정적인 마음과 수용성, 적응력이 있다면 오히려 규칙적인 군 생활 속에서 편안함을 느낄 수 있을 것이다. 사회와 비교해본다면 군에서 느끼는 '자유'는 차원이 다를 것이다. 하지만 '규칙 준수'라는 단순한 법칙을 마음에 새기고 모든 상황에서 인내를 배워간다면, 나름대로 그 안에서 만끽할 수 있는 자유의 영역을 찾을 수 있을 것이다.

 에피소드

그대들에게 해주고 싶은 말
(현직 공군 준위, 신성식)

30년 전의 군과 지금의 군은 공통점보다 달라진 점이 더 많다. 오늘 날의 스무 살 청년들. 개성이 강하고 컴퓨터와 핸드폰 없이는 단 하루도 생활하기 힘든 세대. 그런 이들이 중간 적응 과정을 거치지 않고 위병소를 통과해 군에 들어온다. 일정 시간 이들과 함께 생활하면서 몇 가지 눈에 띄는 특성을 찾을 수 있었다.

이들은 이기적인 모습이 많지만 모순적이게도 주변 사람들과의 단절을 참지 못한다. 편지와 전화 통화에 목숨을 걸고 선임과 후임 사이에서 인정받기 위해 노력한다.

또한 이들에게는 비판적 사고가 익숙하다. '예, 알겠습니다' 보다 '예? 왜 그러십니까?' 라는 답변이 먼저 튀어나온다. 불과 몇 년 전까지 '왜?' 라는 단어를 군대에서 사용할 때는 큰 용기가 필요했다.

혼자 있기 좋아하지만 어울리는 것을 즐기고 무조건적인 복종보다는 이해와 설득을 요구하는 신병들. 이러한 특성을 가진 이들이 군대의 축을 이루며 군대는 변하고 있다. 강압적인 상하관계에서 협력하는 위계질서 조직으로 변하면서, 병장을 왕으로 모시는 병장왕국에서 업무분담과 자율 시간이 보장되는 평등한 사회로 변화하고 있다.

변화는 긍정적인 모습이 주를 이루지만 작은 아쉬움 또한 무시할 수 없다. 군대에서만 가능했던 끈끈한 유대감이 사라지고 있는 것이다. 첫 휴가를 나가는 신병의 전투화와 전투복을 손봐주던, 입은 걸걸하지만 정 많고 의리 있던 고참들이 사라지고 있다. 또 힘든 훈련 중에 다양한 어려움을 만나면 함께 헤쳐 나가던 전우들의 단결력과 투지가 사라지고 있다.

이러한 유대감의 약화는 자연스레 자신만 편하고자 어려움을 피해 빠져나가려는 열외의식으로 이어진다. 물론 이러한 현상들이 이전에는 없었다고 말하기는 힘들다. 하지만 이전에 비해 상대적으로 많아진 것은 분명하다.

입대를 앞둔 청년들에게 몇 가지 당부를 하고 싶다. 우선 어느 곳에 가든 자신의 행동과 마음가짐이 가장 중요하다는 것을 명심해라. 군대를 비합리적이고 시간만 낭비하는 무가치한 곳이라고 생각한다면 실제로 그런 곳이 되겠고, 반대로 자기 계발의 기회와 다양한 인간관계의 연장선이라고 생각하고 열심히 생활한다면 그에게는 또한 그런 곳이 될 것이다.

또 군대에서만큼은 강해지기로 결정하라. 힘든 시기에 어려움을 함께한 전우애와 나 자신과의 싸움에서 이긴 성취감과 자신감은 시간이 지나면서 다른 것과 비교하기 힘든 자산이 될 것이다.

마지막으로 가장 간곡히 당부하고 싶은 사항이 있다. 이유 모를 답답함 때문에 '모두들 내 말을 들어주지 않아'라며 골방에서 군화끈과 대화하지는 말아라. 군대에서는 많은 사람들이 순간적인 우울함을 경험하면서 그 감정에 휘둘려 평상시에는 하기 힘든 결정을 충동적으로 할 수 있다. 먼저 마음을 열고 옆에 있는 사람에게 다가가라. 군 복무의 시간이 당신에게 새로운 도전을 줄 거란 믿음으로 말이다.

2부. 준비된 자는 실전에 강하다

4장
자원하는 마음 없이도 가야합니까

오늘의 수양록

스무 살이 되자 내 앞으로 어김없이 영장이 날아왔다.
'대한민국에서 남자로 태어났으니, 납부하실 세금은 2년입니다. 기간 내에 세금을 내지 않을 경우 헌병대에 의해 강제 입영될 수 있으며 세금납부 기간 동안은 국가에서 지시하는 명령에 절대 복종해야 합니다.'
영장에 적힌 몇 마디가 내겐 이처럼 세금 내란 독촉장으로 보였다. 하소연할 데도 마땅치 않고 선택의 여지가 없는, 왠지 모를 억울한 기분을 쉽게 떨쳐버릴 수가 없었다.

'아, 정말 가기 싫다'

신병 검사를 받으러 병무청에 갈 무렵이 되면, 면제 대상자의 조건을 한번이라도 유심히 들여다보게 된다. 간장을 한두 병 마시고 가면 엑스레이가 까맣게 나온다던가, 박카스를 많이 마시면 혈압이 높게 올라간다는 등, 상식 밖의 이야기에도 귀가 솔깃해진다. 얼마나 군대에 가는 게 싫었으면 이런 얘기가 나돌았을까?

병무청에 모인 청년들은 군 면제자를 '신의 아들'이라 부른다. 건강한 육신으로 현역 판정을 받는 게 그렇게 불행스러울 수가 없다고 말하던 동료들의 목소리가 지금도 귓가에 들리는 듯하다. 황금 같은 20대를 송두리째 빼앗기는 듯한 억울함도 그렇고, 군대가서 고생할 상황을 생각만 해도 아득하다.

입대 전 청년들이 가장 듣기 싫어하는 말은 "누구나 가는 건데…"라고 한다. 자원하는 마음으로 군대가는 사람들 손 한번 들어 보라면 과연 몇 명이나 될까? 나라에 대한 충성 운운하는 말이 배부르게 들리고, 우리나라의 징병제가 원망스럽고 억울할 수도 있다. 하지만 우리처럼 징병제를 실시하는 나라는 생각 외로 많다. 대표적인 나라가 독일, 이스라엘, 싱가포르, 멕시코, 대만 등이다. 반면 자원하는 사람들을 선발해 군 복무를 하게 하는 모병제는 미국, 일본, 영국 등에서 실시하고 있다.

모병제를 채택한 나라에서는 입대 전 철저한 인성 검사를 실시하여, 그 과정에서 문제가 드러난 경우 사전에 걸러내 입대를 막는다. 그리고 월급 감봉 등의 방법으로 군기를 잡는데, 그곳 군인들은 이런 방법에 상당히 민감하게 반응한다. 하지만 징병제를 채택한 나라에서는 이 같은 시스템이 약하게 적용되고 있다. 인성 검사를 활성화할 경우 병역 기피자들이 나올 수 있기 때문이다.

나라마다 차이는 있지만 완벽한 제도는 없다. 우리가 할 수 있는 것은 각 나라의 상황에 맞는 제도를 인정하는 것이다. 계속 원망하는 마음만 품고 있으면 더 나은 방향을 찾는 데 방해가 된다.

몇 해 전 '어떤 장애인의 소원' 이라는 기사를 읽은 적이 있다. 한 지체 장애인의 소원이 단 하루만이라도 군인이 되어 나라를 지켜보는 것이라고 했다. 그러나 현실적으로 장애인이 군에 갈 수 있는 기회는 없다. 군에서는 이 장애인의 뜻을 기리는 의미로 하루 동안 임시 군인 자격을 주어 보초를 서게 해주었다. 당시 많은 뇌물과 높은 지위를 이용해 군 복무에서 벗어나려 하는 사건들이 많았는데, 이 기사는 많은 국민들로 하여금 병역에 대해 다시 생각하게 했다.

요셉이 감옥에 간 이유

누군가 진보와 보수는 '돈이 없고 있고' 의 차이로 나뉜다고 말했다. 돈이 없을 때 진보적 성향을 갖다가도 돈이 생기면 보수적으로 변한다는, 한 마디로 물질이 사람의 가치관을 바꾼다는 말이다. 비슷한 맥락에서 '경험'도 그런 것 같다. 군에 다녀오기 전에는 군 제도를 원망도 해보고, 어떻게든 회피하려 하지만 복무 후에는 정말 잘 다녀왔다고 몇 번이나 되뇌이게 된다. 군 생활이 나를 변화시켰고, 내게 유익했음을 인정하기 때문이다.

나도 젊은 시절, 부정한 방법이 아니라면 군 면제를 받고 싶은 마음이 굴뚝같았다. 젊을 때에 주의 일도 더 하고, 공부도 열심히 하며 그 시간을 채워가고 싶다는 생각이 간절했다. 그러나 이런 생각도 잠시, 군 복무부터 제대까지 일련의 과정을 거친 후에는 군 생활에 대해 긍정적인 마음을 갖게 되었다.

군에 다녀온 후 얻게 된 가장 큰 유익은 어떤 상황이든, 어떤 일이든 감당할 수 있을 것 같은 '자신감'이었다. 사실 군대처럼 내면 깊은 곳까지 다듬어주는 곳도 없다. 사회에서 군에 성실하게 다녀온 사람들을 만나게 되면, 나는 그들의 생각과 삶의 방법을 존중해 준다. 그만큼 고통의 시간 끝에 이뤄낸 성숙한 모습임을 알기 때문이다.

군대에는 새롭게 기대해도 좋을 무엇인가가 우리를 기다리고 있다. 벤처 1세대인 정문수 미래산업 창업자는 '젊은 시절 군에 갈 때 새롭게 펼쳐질 미래가 궁금해 잠을 못 이루었다'고 말했다. 그는 군 생활을 기대감으로 바라봤고, 늘 긍정적이고 창조적인 시각으로 인생을 바라봤기에 남들이 인정하는 자리에 서게 되었다.

창세기에 보면 요셉이 감옥살이를 하는 장면이 나온다. 몇 년 간 감옥 생활을 한 것이 그의 인생 전체를 볼 때 헛되다고 말할 사람은 없을 것이다. 하나님께서는 요셉을 총리 삼기 위해 그 시간을 허락하셨다. 요셉이 많은 사람들의 지도자로 서기에 부족함이 없도록 여러 상황 속에서 단련시키셨다. 우리는 상황이 어쩔 수 없어서 군에 간다고 생각해서는 안 된다. 요셉의 경우처럼 감당해야 할 사명이 있기 때문에 가는 것이다. 우리 인생의 모든 여정이 하나님의 치밀한 계획 속에 있음을 기억하라.

얼마 전 신문에서 어떤 교사들이 학생들에게 '군대는 무조건적인 복종만 배우고 사람을 죽이는 기술을 익히는 곳이니 안 가는 게 좋다' 고 교육했다는 기사를 봤다. 이것은 군 생활의 단면을 극단적으로 부각시킨, 군 생활이 주는 유익을 무시한 말이다.

물론 입대 전의 형제들에게 군 생활이 주는 유익에 대해 아무리 말해도 그들에게 군에 대한 호감을 심어주기엔 역부족이라는 것을 안다. 나는 한마디로 "군에 다녀오라"고 말하고 싶다. 군에 다녀온 후에 당신은 자신에게 일어난 변화를 큰 자부심으로 바라보게 될 것이다.

군 생활의 유익 엿보기

군에 대해 상당히 부정적인 견해를 갖고 있던 사람들도 군에 다녀온 후에는 군 생활이 주는 유익을 여러 모로 인정한다.

첫 번째로, 다소 철학적인 이야기 같지만 그것이 인생의 '예행연습'과 같다는 것을 실감하기 때문이다. 사실 사회생활을 하다 보면 상처받을 일, 힘든 일이 한두 가지가 아니다. '남의 돈을 받는다는 게 이런 거구나'라는 생각이 들며 때때로 비참함과 비굴함도 느끼게 된다.

육체적인 피곤함 또한 빼놓을 수 없다. 계속되는 야근에 쌓여 있는 업무를 감당하다보면 이 상황을 어떻게 이겨내야 할지 앞이 캄캄해지는 순간도 올 것이다. 이런 의미에서 군대는 이 모든 생활을 미리 연습해볼 수 있는 장이라고 볼 수 있다.

사회에 나오면 누구 하나 가르쳐주지 않는 일을 제 때에 처리해야 하는 상황이 많이 발생하는데, 군대에서 미리 이런 상황을 겪고 삶의 지혜를 터득하고 나면 자신감 있게 그러한 상황을 감당해낼 수 있다.

두 번째는 '인간관계의 확장'이 일어난다. 학창시절을 돌아보면 비슷한 성향의 친구들과 무리를 지어 다녔던 경험이 있을 것이다. 교회에서도 같은 색채의 신앙을 가진 사람들이 공동체를 이루며 같은 목표를 향해 가기에 문화적 차이는 그다지 크지 않다.

그렇지만 '곱게' 자라온 청년들이 군에서 다양한 성향의 사람들을 만나보면 놀랄 일이 한두 가지가 아니다. 때때로 '이런 정신세계를 가진 사람도 있다니!' 하는 생각도 들고, '이렇게 사는 사람

도 있었구나!' '이런 종교도 있구나!' 하며 자연스레 이해의 폭이 넓어지는 것을 경험한다.

　이렇게 다양해진 인간관계는 인생을 살아가는 데 귀한 버팀목이 된다. 나중에 사업을 하거나 사람을 상대하는 직업을 갖게 되면 군 생활에서 얻은 관계의 확장은 더 유익하게 작용한다. 어떤 학원이나 학교에서도 배울 수 없는 귀한 공부를 군에서 하게 되는 셈이다.

　마지막으로 '자존감'이 회복된다. 내가 아는 한 친구는 부족할 것 없는 환경에서 자랐다. 내가 보기엔 참 많은 걸 가진 친구였지만 자존감이 무척 낮았다. 그는 늘 상대적인 박탈감으로 자신을 형편없는 사람으로 여기기 일쑤였다. 그러나 군에서 다양한 경험들을 거치면서 그의 자존감은 회복되었다. 그는 이렇게 말했다.

　"군대에 가니 야채를 팔다 온 사람, 박사과정을 밟던 사람, 어린 나이에 아빠가 된 사람, 재벌가의 외아들 등 다양한 사람들이 있더라. 힘들게 살아온 동료의 인생 얘기를 듣다보니 열심히 살아야겠다는 생각이 절로 들었고, 늘 우러러보던 재벌가 자녀나 가방 끈이 긴 사람들도 나와 별반 다를 바 없는 평범한 사람이라는 걸 알게 됐지."

　사회에서 어떤 공부를 했고, 어떤 위치에 있었으며, 나이가 몇 살이 많고 적은지에 상관없이 군대에 오면 계급에 따라 움직여야 한다. 군에 들어온 순서대로 계급장을 달고 먼저 온 사람을 섬기기도, 나중에 온 사람에게 명령을 내리기도 한다. 그 속에서 자연스레 자아 정체성을 확립하게 되는 것이다.

군에서는 높은 곳과 낮은 곳을 모두 바라보고, 무리 속에서 함께 어울린다. 또한 자신을 평가해보기도 하고 나아가야 할 방향을 모색해볼 수도 있다. 군에서 얻게 될 유익에 대해 기대하는 마음을 가져보자.

# 에피소드

'신의 아들'에서 '하나님의 백성'으로
(전역 특공대, 주영환)

1994년 2월 1일. 막내 아들이 군 입대하기 전 마지막 뒷모습이라도 보겠다고 어머니는 눈물이 그렁그렁한 채로 시골에서 상경하셨다. 왜 그랬는지 모르겠지만 그땐 그런 어머니의 눈물이 싫었다.

어머니께서 여정 길에 주겠다고 싸오신 먹을거리에 마실 것이 없다며 마트에 들른 사이 나는 도피하듯 그 자리를 떠나 버스에 올랐다. 두리번거리며 우시던 어머니의 모습…. 군대에 끌려가는 처량하고 작디작은 내 자신이 너무 싫어 도피하듯 어머니 눈앞에서 숨어버렸다. 지금도 생각하면 내 인생의 가장 슬펐던 기억의 한 조각이 되어버린 그 사건. 난 그렇게 입대를 감행(?)했다.

어머니와 이별 후의 감상도 잠시, 눈앞에 지옥의 저승사자 같은 무리들이 다가왔다. 그들은 바로 306보충대의 무시무시한 조교들이었다. 그들의 벼락같은 구령에 동기생들은 꼬리내린 강아지처럼 벌

벌 떨었고, '밥먹어!' '잠자!' 라는 말에도 허둥대기 일쑤였다. 지금 생각하면 웃기는 일이지만, 그땐 얼마나 긴장을 했던지….

　난 보충대에 와서도 누구나 바라던 '신의 아들'에 대한 간절한 소망의 끈을 놓지 못하고, 하나님께 동아줄을 바라는 심정으로 기도했다. "어떻게든 이곳에서 나가게 해주세요."

　그런데 나의 그러한 바람을 뒤로한 채 사건이 대형(?)으로 터졌다. 모든 신병들은 자대배치를 위해 각 부대로 차출을 당하거나, 부대별로 배치를 하는 시간이 있다. 그 과정을 거쳐야 비로소 훈련소에 입소를 할 수 있었다.

　코끼리만한 덩치에 까맣고 강렬한 인상을 한 조교 한 명이 동기생들 주위를 돌면서 한 마디를 던졌다. "야! 키 175cm이상 되는 사람 다 일어섯!" 순간 모두들 숨을 죽이고 있다가 체념한 채, 하나 둘씩 동기생들이 일어서기 시작했다.

　나는 일어설까말까 망설이다가 이건 아니다 싶어서 고개를 푹 숙이고, 최대한 어깨를 좁혀 작게 보이려 안간힘을 쓰며 앉아 있었다. 그때 거대한 손이 내 뒤통수를 때렸다. "야! 너 일어서봐!" 웅크린 채로 벌떡 일어섰다. "너, 키 몇이야?" "배... 백 칠십삽니다." 또 한번 거대한 손이 내 뒤통수를 때렸다. "서 있어, 임마!" 청천벽력 같은 소리에 난 한 마디도 못하고 서 있다가 차출된 사람들과 다른 장소로 끌려갔다.

　조교는 다시 질문한다. "야! 너희 중에 어디 아픈 사람 일어서

봐!" 다들 눈치를 본다. 그러다 한두 사람 일어선다. 막바지에 나도 여기서 빠져야겠다는 심정으로 슬그머니 일어섰다. "넌 어디가 아프냐!" "저, 허리가 아픕니다." 이번에도 뒤통수에 거대한 손이 날아왔다. "대한민국에 허리 안 아픈 놈이 어디 있냐?" 그렇게 나는 드라마틱하게 하나님의 도우심(?)으로 특공대로 갔다.

특공대에서는 격한 훈련과 꽉 짜여진 일정 속에서 하루하루를 두려움과 좌절 속에서 보냈다. 그런 나에게 힘을 준 사람이 지금도 잊지 못할 군종병, 조병국 상병이었다. 선하디 선한 인상의 그분을 만나 나는 희미해진 하나님에 대한 기억과 죽어 있던 신앙심을 되살릴 수 있었다. 열악한 환경의 지배 속에서 더욱 강한 하나님의 백성으로 다시금 일어설 수 있도록, 하나님께서 나에게 주의 사자를 보내주셨다는 생각이 든다. 아직도 그분의 도움이 고맙고 귀하다.

하나님은 군대에서 나를 살려주셨다. 이리저리 눈치만 보며 '신의 아들'이 되기만을 손꼽아 기다리던 나를 '하나님의 백성' 답게 빚어가시며 훈련하셨다. 돌아보면 하나님은 내게 필요한 것이 무엇인지 다 알고 계셨다. 군대에서 그것을 하나하나 풀어 보여주신 것이다. 이 하나님은 일생동안 나를 인도하실 것이다. 다시 가라면 손사래를 치겠지만, 돌아보니 지금 이 시간도 하나님의 은혜가 밤하늘의 별처럼 새록새록 내 마음에 새겨지고 있다.

5장
로마에 가기 전, 로마법을 익혀라

오늘의 수양록

대한민국 국군장병이라면 누구나 '뽀글이'를 알고 있다. 쌀쌀한 초소 근무를 마치고 막사에 돌아와 따끈한 뽀글이로 출출한 배를 채우면 초소에서의 지겨웠던 순간들을 잊을 만큼 몸과 마음이 든든하다. 특히 겨울에 뽀글이는 군바리의 생활 필수품이며 심지어는 무더운 여름에도 뽀글이를 애용한다. 자, 뽀글이란 무엇인가. 간단하게 말해 '조리가 간편한 라면' 이라고 해두자. 뽀글이는 냄비, 그릇이 필요 없고 설거지를 안 해도 된다는 장점이 있다. 물 끓이는 데 2분, 물 붓고 기다리는 데 3분, 먹는 데 3분. 도합 8분이면 모든 상황이 종료된다. 자 이렇게 간단한 뽀글이를 당신도 즐기고 싶지 않은가?

군대 갈 시기, 빠를수록 좋다

"군 입대는 언제쯤 하는 게 좋나요?" 청년들에게 수도 없이 들어온 질문이다. 조건과 대상에 따라 군에 가기 적절한 시기가 다를 수 있겠지만, 한 살이라도 덜 먹었을 때 가는 게 좋다.

이는 우선 체력적 부담이 적기 때문이다. 2006년 가을 GOP(최전방 부대) 설교를 가서 조사한 내용을 보면 21~22살에 입대한 청년들이 가장 많았다. 대부분 대학 1학년을 마치고 입대한다. 20대 중·후반에 입대한 청년들과 20대 초반의 청년이 함께 훈련을 받다보면 한눈에도 체력차가 보인다.

일찍 군에 입대하면 자신보다 나이가 어린 고참들을 모셔야 하는 불편함(?)을 어느 정도 덜 수 있다. 계급 중심의 사회인 군에서 나이어린 고참을 모셔야 하는 자리는 피해가는 것이 지혜롭다.

27살, 늦은 나이에 입대한 A군은 휴가를 나올 때마다 후배들에게 어서 군에 가라고 조언하느라 바쁘다. 자신보다 5살이나 어린 고참을 모시고 꼬박꼬박 존댓말 해가며 군 생활하는 것은 쉽지 않은 일이었다. 휴학 몇 번 하고 대학을 졸업할 때까지 입대를 미루던 A군은 늑장을 부렸던 게 두고두고 후회된다고 했다.

학업 부분에 있어서도 취업을 앞둔 대학 졸업반이나 졸업 후는 피해야 한다. P라는 내 친구는 대학교 3학년 때 영어회화 연수를 위해 캐나다에 다녀온 후 바로 육군 포병으로 입대를 했다. 제대 후 그는 군에 간 시기에 대해 두고두고 후회했다. 배움의 연속성이 떨어진다는 것이다. 학업 능률에 최소한의 영향을 미치는 시점에 군에 다녀오는 것이 바람직하다.

계절의 장단점을 꼼꼼히 파악하라

대학을 다니다가 입대하는 청년들 대부분은 제대 후 복학 시점을 고려해 학기를 마친 직후인 1,2월이나 7,8월에 입대한다. 여름에 입대한 경우, 무더운 날씨에 훈련받는 것이 힘들겠지만 나름대로 장점도 있다. 더위 때문에 오침 시간이 주어지기 때문이다. 훈련병이 낮에 잠깐이라도 누워서 피로를 풀 수 있다는 것은 더할 수 없이 큰 특권이다. 더운 날씨 때문에 극도의 훈련은 피해갈 수도 있다.

나는 추위가 절정에 이르는 2월에 입대했다. 실제로 훈련은 3월부터 받았지만 군대에서 3,4월이 얼마나 추운지는 겪어본 사람만 안다. 함께 훈련 받던 동기들은 1,2월에 입대 안한 게 천만 다행이라고 말하곤 했었다.

봄과 가을에 입대하면 계절로 인한 스트레스를 줄일 수 있다. 다만 단점이 있다면, 모든 훈련 코스를 정식으로 밟아야 한다는 것이다. 특별히 외진 부대로 배치를 받으면 봄과 가을마저 느낄 수 없다. 그런 곳은 일 년 중 반이 여름이고, 반이 겨울이라고 생각하면 된다.

지금 함께 사역하고 있는 한 전도사님은 아주 철저한 준비와 면밀한 연구(?) 끝에 입대 시기를 정해 군에 갔다. 그런데 입대 후 1년 가까이를 강원 지역 수해 복구를 하느라 갖은 고생을 하며 군 생활을 해야 했다. 입대 시기와 계절을 계획하더라도 이처럼 뜻밖의 상황이 있다는 것을 감안해야 한다.

규칙의 틀에 몸을 맡겨라

군대 생활은 엄격한 규칙과 정형화된 패턴 속에서 이루어지기 때문에 다음 상황에 대한 예측이 비교적 쉽게 이루어진다. 말하는 방식과 후임 대하는 법, 휴가 가거나 일하는 법 등 군에서 제시하는 정해진 규칙을 빨리 익히고 그 흐름을 타면 순조로운 군 생활이 가능해진다.

훈련소에 입소한 순간부터 조교들의 행동을 눈여겨보라. 그들이 보여주는 행동의 틀에 자신을 맞추면 된다. 획일적이고 답답해 보이지만 이것이 군에서 요구하는 행동 양식임을 인정해야 한다. 특히 군에서 배운 긍정적이고 적극적인 언어와 생각은 평생 살아가는 데 플러스 역할을 할 수 있다.

군에서는 "제가 해보겠습니다" "제가 알아보겠습니다" "제가 해결해보겠습니다" 하는 말들이 습관처럼 입밖으로 나오게 된다. 군에서는 "저는 잘 못하겠습니다"라는 말은 존재하지 않는다. 이러한 습관이 생활화 되면 말뿐만 아니라 태도와 생활까지 긍정적으로 변하게 된다.

이렇게 군에서 익힌 습관들은 우리 몸과 마음에 깊이 뿌리박혀서 평생에 걸쳐 영향을 미치게 된다. 이런 습관들은 대부분 입대 초기에 길들여진 방식대로 굳어지기 때문에 군 생활의 첫 단추를 잘 꿰어야 한다.

계급만 있을 뿐, 나이는 없다

"아저씨!" 누군가 나를 이렇게 불렀다. 내가 군인이 되고서 받은 충격 가운데 손가락에 꼽을 만한 사건이었다. 이전에는 '아저씨'가 나이 드신 분들에 대한 호칭이라고 생각했는데, 이제는 나를 부르는 말이 되어버린 것이다. 그렇지만 민간인은 군복을 입은 군인들을 보면 자연스레 아저씨라고 부른다. 처음 들었을 땐 어색하고 쑥스러웠지만, 군인이 된 이상 나이는 군복 속에 넣어둔 채 '군인 아저씨'가 된 현실을 인정해야 한다.

군인이 되면 나이, 사회적 지위, 재력, 학식 등은 무용지물이 되고 입대한 시점을 기준으로 정해진 계급이 나의 정체성이 된다. 나보다 한참 어린 동생이라도 일주일이라도 먼저 군에 들어왔으면 제대하는 그날까지 고참으로 모셔야 한다.

23살에 입대한 나는 비교적 늦게 군에 간 편이어서 나보다 어린 병장들 아래서 군 생활을 했다. 그렇지만 이상하게 군에 있으면 고참이나 병장들이 나보다 어리더라도 형처럼 느껴질 때가 있었다. 아마도 나보다 앞서 이등병 생활을 경험하고 마음과 육체의 고난을 인내로 이겨냈기에 그랬을 것이다. 원숙미 있게 여유부리는 병장들을 보면 쉽게 나이를 가늠하기 어렵다.

　　군에서는 시간의 흐름을 통해서만 배울 수 있는 경험과 노하우가 있다. 나보다 먼저 입대한 선임들에게는 '경험'이라는 자산이 있다. 우리나라 군대가 세계적으로 인정받는 것도 한국전이나 베트남전 같은 실전 경험을 쌓았기 때문이라고 한다. "내가 몇 살인데…"라는 생각은 버려야 한다. 이런 생각은 자신에게 스트레스만 줄 뿐이다.

　　군대에서는 나이 들었다고 봐주는 것이 없다. 물론 어리다고 눈감아 주지도 않는다. 오직 계급으로 말할 뿐이다. 내가 군 생활을 하며 깨달은 것이 있다. '겸손'은 어디서나 인정받는 덕목이라는 사실이다. 나이 들어 군대에 온 이등병 두 사람이 있었다. 한 명은 솔선수범하여 선임들을 깍듯이 모셨고 어려운 일도 자원해서 감당했다. 그런데 다른 한 사람은 자신보다 어린 선임들이 자신을 막대한다며 불만을 품고 군 생활을 했다.

　　시간이 지나자 나이를 잊고 겸손히 군 생활을 하던 병사는 고참도 함부로 못하며 자연스레 대우를 받게 되었다. 반면 불만을 갖고 군 생활을 하던 병사는 그 상황에서 벗어나지 못했다. 혹 나중에 인정을 받고 대우를 받을지언정, 먼저 나서서 나이에 걸 맞는 대우를 받으려 하면 안 된다. 군대에서는 나이보다 계급이 우선이다.

군 생활의 시작은 고되고 힘들지만 억울해할 필요는 없다. 시간이 지나면 계급이 올라가고 그토록 원했던 자유를 누릴 날이 온다. 계급이 올라감에 따라 책임은 막중해지지만 자유롭게 시간을 조절할 수 있다.

높이 나는 새가 멀리 본다지?

수준급 수영 선수들도 물에 들어가기 전에는 반드시 준비운동을 한다. 무작정 물 속에 뛰어들었다가는 치명적인 결과를 가져올 수 있기 때문이다. 신체 상태를 적절히 조절하고 물에 들어가면 더욱 쉽게 물에 적응해 수영을 즐길 수 있다. 군 생활도 이와 마찬가지로 적절한 준비가 필요하다. 짧은 시간이라도 효율적으로 집중해서 기본적인 것들을 빠짐없이 준비하는 지혜가 필요하다.

현역 군인들에게는 군 복무 기간이 천만 년 같게 느껴진다. 그러나 인생 전체를 놓고 볼 때 2년은 그리 긴 시간이 아니다. 군에 입대한 해는 군에서 맞는 첫 사계절에 적응하느라 정신없이 보낸다. 다음 해에는 군 생활을 정리하다가 금세 제대를 맞게 된다.

군에서 자신의 보직을 완전히 숙지하고 완벽히 활용할 수 있는 단계에 이르는 데까지 걸리는 시간이 2년이다. 정신 바짝 차리지 않으면 꽉 짜인 일정을 바쁘게 따라가다 군 생활을 마치게 될 것이다. 뒤늦게 정신 차리고 무언가를 해보려 할 때는 이미 세월을 다 보낸 후다.

검색 사이트에 이런 질문이 올라와 있다. "군 입대를 한 달 앞두고 남은 시간을 어떻게 보내야 할지 고민입니다. 이 시간을 어떻게 즐기면 후회가 없을까요?" 인상적인 리플 한 마디, "제대 3일 남은 내가 말하는데, 뭘 해도 후회할 겁니다." 통제된 생활에 앞서 자유를 만끽하고픈 젊은이의 마음은 이해되지만, 군에 갈 준비는 얼마나 됐는지 묻고 싶다.

군에 가기 전 치밀한 준비와 잘 짜인 계획이 필요하다. 시험공부를 열심히 하고 시험지를 받은 학생은 여유 있게 자신의 진가를 드러내고 좋은 결과를 얻는다. 그러나 준비되지 않은 상태로 시험지를 받아든 학생에게는 시험보는 시간 자체가 고역이다.

얼마 전에 군 입대를 앞두고 급하게 포경수술을 한 형제를 본 적이 있었다. 입대 날도 얼마 안 남겨두고 왜 이렇게 무리해서 수술 일정을 잡았냐고 물었다. 그 형제는 군에 갔다 온 선배들로부터 군에서는 마취도 하지 않고 포경수술을 한다는 말을 들었기 때문이었다. 아마 70년대쯤 들어봤음직한 이야기 같다. 요즘 군대에서는 이렇게 무지막지한 일이 일어나지 않는다. 이렇게 개인적인 부분까지 간섭하는 경우도 없다.

입대를 앞둔 청년들이 소소한 부분까지 두려워하는 이유는 뭘까? 바로 준비되지 않았기 때문이다. 먼저 군 생활에 대한 편견을 버리고 군대의 현실을 정확히 알 필요가 있다.

병장으로 가득 찬 생활관을 원하나이다

"목사님, 자대배치를 받고 와보니 우리 내무실(생활관)에는 군림하는 병장이 한 명 뿐입니다. 일병이나 상병이 대부분이라 앞으로의 군 생활, 문제 없을 것 같아요!" 한 청년이 100일 휴가를 나와서 신이 난 듯 말했다. 뭘 모르고 하는 말이다. 하늘같이 군림하는 병장이 한명 뿐인 것이 당장은 좋아보일지 모른다. 하지만 일병과 상병이 많다는 것은 앞으로도 한참을 군림할 병장 대기자들이 많다는 말이다. 오히려 생활관이 상병과 병장으로 가득하다면 기뻐할 일이다. 그들이 곧 제대하면 생활관에서의 내 위치가 그만큼 빨리 올라갈 수 있기 때문이다.

내가 자대 배치를 받고 생활관에 들어서니 이등병과 일병이 생활관을 꽉 채우고 있었다. 한 생활관에서 동기를 만나기가 쉽지 않은 일인데, 나는 2명의 동기와 함께 군 생활을 하게 됐다. 동기가 있다는 것은 서로 의지하며 지낼 친구가 생기는 것이기에 여러 모로 좋은 점이 있다. 반면 당분간 후임이 들어오지 않아 막내 군번으로 고생을 좀 해야 한다. 군에 가서 들은 말 중에 '이등병에겐 장

군보다 병장이 더 큰 존재이고, 북한군보다 간부들이 더 큰 적으로 보일 수 있다'는 말이 있다. 그만큼 선임병들의 존재가 막강하다는 말이다.

군 입대 시기를 두고 기도할 때는 계절과 상황, 생활관 환경, 동기들의 유무, 훈련 강도, 선임병의 성품 등에 대해 구체적으로 기도하는 게 좋다. 허심탄회하게 마음을 열고 의지할 친구가 필요하다면 동기를 주십사 기도하라. 하지만 동기 없이 혼자라고 해도 낙망하지 말고 그런 상황을 허락하신 하나님의 뜻을 찾아야 한다. 하나님의 말씀을 마음에 새기고 당신의 기도제목과 함께 하나님께 나아가라.

"이는 내 생각이 너희의 생각과 다르며 내 길은 너희의 길과 다름이니라 여호와의 말씀이니라 이는 하늘이 땅보다 높음 같이 내 길은 너희의 길보다 높으며 내 생각은 너희의 생각보다 높음이니라"(이사야 55장 8-9절).

절실한 사랑이 필요한 곳, 군대

(전역 해병대 장교, 옥나라)

"자네, 왜 해병대에 지원했나?" "귀신 잡으러 왔습니다" "요즘 세상에 귀신이 어디 있나?" 보병장교를 수료할 때 상관과 나누었던 대화다. 요즘 세상에 귀신 운운하는 게 말장난처럼 들릴 지 모른다. 하지만 이 대답은 내 신앙의 고백이었다.

해병대 지원을 앞두고 기도하며 고민하던 중에 찰스 콜슨이 쓴 『이것이 교회다』를 읽게 되었다. 그가 해병대 장교로 받았던 훈련이 인생에 많은 영향을 미쳤다는 구절을 읽으며 나는 자연스레 해병대에 대한 마음을 굳히게 되었다. '이왕 군에 갔으니 하나님 보시기에 좋은 일들을 이루어보자'라는 포부를 가지고 군 생활을 시작했다.

근무하게 된 부대에 처음 발을 내딛었을 때, 대원들은 해안 경계 중이었다. 낮과 밤이 뒤바뀐 생활, 해안가라는 특수한 환경 때문에 모두들 지칠 대로 지쳐 있었다. 부대원들을 향한 하나님의 마음을 묵상하며 대원들 모두에게 훈훈한 감동과 뿌듯한 기쁨을 줄 수 있는 일을 하게 해달라고 기도했다.

뿌려진 기도의 첫 열매가 초군반(소위 임관 직후 받는 병과교육) 장교들이 마음을 모아 진행한 골수기증 캠페인이었다. 이 운동의 결과로 실제로 송용석 중위는 백혈병 어린이에게 자신의 골수를 기증했다.

한국전쟁 UN참전국에 감사 편지를 보낸 것이 두 번째 열매다. 해병대 소위들이 모여 참전국 대사들에게 편지를 보냈다. 이에 감동한 대사들은 우리에게 하나둘 답장도 보내주었다. 가장 먼저 답장을 보내준 터키 대사는 "50년 전 일을 잊지 않고 감사를 표한 젊은 장교들을 보니, 한국의 미래가 밝은 것 같습니다. 보내준 해병대 빨간 수건은 평생 간직하겠습니다"라며 감사의 마음을 전해왔다.

세 번째 열매는 광복절 무렵에 얻게 되었다. 나는 부대원들과 함께 광복절을 맞아 독립 운동을 하신 분들께 감사의 편지를 쓰며 적극적인 군복무를 다짐하는 시간을 가졌다. 우리들이 쓴 편지는 독립유공자협회로 발송되었고, 이 일은 뜻밖의 결과를 낳게 됐다. 우리들의 편지에 감동한 독립유공자협회 회장님이 국방부 장관과 해병대 사령관에게 편지를 보내신 것이다.

이 일로 나는 사단장의 표창과 함께 독립유공자협회로부터 청산리대첩 기념일에 감사패를 받았다. 그리고 이 일은 국민일보에 미담 사례로 실리기도 했다.

군대는 정신을 바짝 차리고 긴장한 상태로 부지런히 생활해야 하는 곳이다. 총소리와 수류탄의 위력은 영화에서 보던 것과는 비교할 수 없이 크고 놀랍다.

마음을 다스리지 않으면 쉽게 피폐해질 수 있고, 염려와 걱정에 사로잡히게 된다. 그래서 군대는 더욱 그리스도의 사랑이 필요한 곳이다. 아버지의 사랑을 아는 자들이 마음을 다해 복음을 전해야 하는 곳이다. 남다른 헌신과 사랑이 우리 안에 넘쳐날 때 주를 알지 못하는 전우들이 주님께 돌아올 것을 믿는다. 강하고 담대하게, 열매 맺는 군 생활을 위하여!

6장 기초체력 다지기

오늘의 수양록

모진 젊은 날/ 다시 오지 않을 젊은 날 폭풍의 순간// 폭풍 불어와 온갖 것 휩쓸어가듯/ 젊은 날 폭풍의 순간도 그러하기를// 젊은 날 폭풍 불어와 내 온갖 치열함 휩쓸어가기를//

다리 찢기 훈련 도중 떠오른 시상. 이등병 때 시인이나 효자 아닌 사람 없다더니, 아주 그냥 시가 술술 나온다. 계속되는 훈련과 적응 기간, 마음의 준비 없이 군에 온 것이 후회로 남는다. 남들 놀 때 훈련 받으려니 더욱 후회막급이다. 아~ 이 시절이 언제 가려나.

군대에서 공부하려면, 기본기를 다지고 가라

　군 입대 후 6개월 쯤 지나면 훈련병과 이등병 생활을 마치고 어느 정도 자신이 활용할 수 있는 시간이 생기게 된다. 이 시간을 적절히 활용하려면 먼저 한 분야를 정해 기본기를 닦아두는 게 필요하다. 가령 언어의 경우 군대에서 학원을 다닐 수도 없고, 마땅히 물어볼 사람을 찾기도 힘들다. 한정된 시간과 자원, 상황 속에서 좋은 성과를 내려면 확실한 기본기가 필요하다.

　지금 나의 군 생활을 돌아보면 아쉬운 점이 많다. 지금이야 MP3 파일을 내려받아 들을 수도 있고, 좋은 학습교재도 다양하게 나오지만, 당시에는 카세트 플레이어를 갖고 있는 자체로도 눈총을 받았다. 군에서 어학 공부하는 데는 이런 점들이 큰 제약이었다. 물론 마음만 있었다면 공부하는 게 충분히 가능했을 것이다. 문제는 내가 그 부분에 있어서 준비되지 않았던 것이다.

　입대 즈음해서 한 교수님이 어휘 책을 군에 가져가 외우고 오라고 내게 말씀하셨다. 나는 그 조언을 귀담아 듣지 않았고, 지금에서야 그 부분에 대해 후회하고 있다. 함께 군 생활을 시작한 동기 한 명은 군 생활 내내 영어 공부에 몰두해서 제대 후에 자기가 원하는 곳으로 편입학했다는 소식도 들었다.

　나는 군대에 다시 돌아갈 수 있다면 중국어 공부를 하고 싶다. 예전에는 외국어하면 영어만 생각했다. 지금은 단기선교를 나갈 때마다 중국어를 비롯한 세계 여러 나라의 언어들을 접하게 되니 다양한 언어 공부에 대한 필요성을 더욱 절실히 느낀다.

군대에 가기 전에 1년 정도는 학원이나 여러 강좌를 통해 목표한 분야에 대해 배우고 군에 가라. 군대에서 복습하고 다시 익히는 동안 실력이 느는 것이 느껴질 것이다. 기존에 공부하던 패턴을 유지하며 한 분야에 집중한다면 좋은 성과를 거둘 수 있다.

끈기 있게 지속적으로 공부하기 위해서는 개인의 강한 의지와 노력이 필요하다. 경쟁력 있는 일꾼으로 성장하기 위해 군에서 남는 시간을 남용하지 않기를 권한다.

자신만의 장기 분야를 만들어라

사회에서는 다양한 기술을 가진 사람들을 쉽게 접할 수 있다. 또 어떤 분야든지 일정한 비용을 지불하면 일을 맡길 수 있다. 그러나 군대에서는 적당한 사람을 구하기가 쉽지 않다.

내가 군 생활 할 당시에는 타자기로 공문을 작성했다. 그러다 부대에 286컴퓨터가 들어왔는데 부대 안에는 그 컴퓨터를 다룰 줄 아는 기관병이 전혀 없었다. 우리 본부중대의 행정병 한 명이 입대 전 워드를 다뤄본 일이 있다고 했다. 대대장은 그를 차출해서 다른 업무를 제외시켜주고 워드치는 일을 맡겼다.

지금 생각해보면 워드치는 일은 단순하고 쉬운 편에 속한다. 하지만 당시에는 컴퓨터를 다룰 줄 아는 사람이 매우 드물었다. 다른 동료들은 그가 컴퓨터를 다루는 모습을 보며 경외감마저 가졌다. 그러던 어느 날 이 행정병은 워드 부속(?)이 고장나서 작업을 계속할 수 없다며 임원에게 부속을 구해오겠다고 했다. 임원들은 컴퓨터의 생리를 모르기 때문에 그에게 뭐라 말도 못하고 2박 3일의 휴가를 주었다.

대대장에게 문서 작성 임무를 받은 이 행정병은 모든 훈련에 열외를 받으며 작업했다. 20여 장의 문서를 2주 간에 걸쳐 작성한 것으로 기억하는데, 지금 생각하면 그 행정병이 꾀를 부린 것 같다. 특혜를 누리며 고된 일도 하지 않고 문서 작성만 맡아 하던 그는 모든 동료들의 선망의 대상이었다.

그가 군 생활을 게을리 했다고 말하려는 게 아니다. 당시에 그는 자신만의 경쟁력을 가지고 특혜를 받았다. 나는 특기를 가진 병사들에게 그런 유익이 돌아올 수도 있음을 말하려는 것이다. 군 입대를 앞둔 젊은이라면 자신만의 특기를 준비하라.

춤, 노래, 유머를 비롯해 글씨를 잘 쓰거나 사진을 잘 찍는 것도 좋은 특기가 될 수 있다. 특기를 가지고 있다면, 그것을 잘 홍보하는 것도 중요하다. 누가 시켜줄 때까지 기다리지 말고 적극적으로 나서서 동료들과 고참을 즐겁게 해주는 것도 좋다.

내가 복무하던 부대에는 테니스장이 있었다. 대대장 뿐 아니라 다른 부대의 대대장, 연대장들이 와서 종종 테니스를 치곤 했다.

테니스장을 이용하는 사람들이 있다보니 자연스레 코트를 관리하고 테니스 레슨을 해줄 사람이 필요하게 되었다.

마침 부대의 한 기간병이 테니스를 쳐본 경험이 있어 이 일을 맡게 되었다. 그는 테니스장 관리와 상관들 테니스 레슨에 하루 일과의 대부분을 보냈다. 이 사람 역시 군 생활 동안 자신의 특기를 잘 활용한 것이다.

영화 〈쇼생크 탈출〉을 다시 예로 들면, 주인공 앤디는 은행원 경력을 인정 받아 감옥 안에서 간부들의 연말정산을 도와주게 된다. 소장부터 말단 간부들까지 그의 도움을 받지 않은 이들이 없었다. 이 일이 소문나서 심지어는 다른 교도소의 간부들도 그에게 도움을 청한다.

이 영화를 보면 괴팍한 간부들도 앤디에게 도움을 받을 때만큼은 한없이 부드러운 표정으로 대했다. 이 일로 앤디는 감옥에서 많은 특혜를 누리게 되고 자유롭고 편한 생활을 하며 도서관 사서의 역할까지 도맡게 된다.

기계를 다루는 기술이나 수리, 목공 등의 기술도 군에서 꼭 사용할 날이 있을 것이다. 하지만 스포츠 마사지 같은 기술을 가지고 있다면 홍보하기 전 한번쯤 더 생각해 보기 바란다. 제대하는 날까지 부대 지휘관들이나 고참의 피로를 풀어주는 노동을 하게 될지 모르기 때문이다.

나만의 장점이 있다면 그 부분을 잘 살려서 자신만의 기능을 만

들어야 한다. 새롭게 기능을 만들 여건이 되지 않는다면 지금 자신이 가지고 있는 조건 속에서 장기를 발견하고 그것을 홍보할 수 있어야 한다. 어떠한 기능이든, 군대에서 인정받게 되면 그 특기로 인해 자신의 보직이 만들어진다. 그런 특기에서만큼은 고참과 간부들에게 '필요한 사람'으로 대우를 받을 수 있게 된다.

영육 간의 건강을 체크하라

군대를 감옥처럼 느끼며 괴로움 가운데 생활하는 이가 있는가 하면, 군 생활 속에서 하나님의 계획하심을 발견하고 그곳을 사명지로 여겨 자신의 몫을 잘 감당해내는 이가 있다. 결국 마음가짐의 차이가 군 생활의 질을 결정하게 된다.

세상의 모든 일이 그렇듯, 실제로 일어난 사건보다 거기에 반응하는 사람의 마음이 어떠하냐에 따라 결과는 달라진다. 같은 현상에도 심약한 사람은 고통을 느끼고 심지어 자살하기도 하지만, 고난을 믿음으로 이겨내 열매 맺는 사람도 있다.

앞에서도 언급했지만 군에서의 훈련들은 생각처럼 늘 극한에 치닫지는 않는다. 한 마디로 말해서 '할 만하다.' 정말 힘든 것은 육체의 훈련이 아니라 자기 자신과의 내적인 싸움이다. 군대에서 어떻게 신앙생활을 지속해나갈 것인가에 대한 문제는 충분히 준비하고 실전으로 들어가야 할 부분이다.

신앙의 무장이야말로 우리가 군에 들어가기 전에 가장 먼저 그리고 가장 공들여 준비해야 할 부분이다. 군 입대 전에는 신실한 마음을 가지고 있다가 군 생활 중에 신앙의 갈피를 잃고 방황하는 형제들을 많이 보아왔다. 군에 가기 전에는 신앙적으로 도움을 주는 사역자들과 선·후배, 동기들이 많이 있다. 또 자유롭게 예배하며 신앙을 키워나갈 공간이 충분하다. 그러나 군대에 가서 신앙을 지키는 것은 전적으로 자기의 의지에 달려 있다.

여러 사람이 모여 함께 기도할 만한 자리도 흔치 않고, 군 교회에서는 좋은 음향시설이나 안락한 기도의 방을 기대할 수 없다. 철저히 혼자 신앙을 지키고 만들어가야 하는 상황이다. 이런 상황에서 마음을 지키고 하나님을 온전히 예배하려면 신앙적으로 충분히 무장해야 한다. 혼자서도 예배하는 습관이 필요하다.

군 입대 전에 최선을 다해 신앙생활을 하길 바란다. 기도의 시간을 많이 갖고, 성경공부나 교회 내 활동도 입대하기 전까지 열심을 다하는 게 좋다. '곧 군대 갈 거니까…'라는 생각은 버려야 한다.

마지막까지 충분히 공급을 받아야 군부대 교회에서도 잘 적응하고 섬길 수 있다. 환란 중에 도우시는 하나님을 묵상하고, 필요한 말씀들은 정리해 외워두라. 진짜 위기의 순간에는 말씀을 뒤적이며 찾을 여유가 없다. 되도록 많은 말씀을 외워두고, 수시로 묵상하며 은혜 가운데로 들어가야 한다.

선교단체별로 성경암송 카드를 내놓은 것이 있다. 기독교 서점 등에서 쉽게 구입할 수 있고, 평소 묵상하던 말씀을 정리해서 외우는 것도 좋다. 주어진 말씀들을 통째로 외우려다 중간에 포기하는 경우를 많이 봤다. 그런 방법보다는 마음에 와 닿고 먼저 필요하다고 생각되는 말씀을 중심으로 외우는 것이 좋다. 이렇게 미리 외워둔 말씀들은 군 생활을 하며 위기가 찾아올 때마다 큰 힘이 되어 당신의 마음과 생각을 지켜줄 것이다.

그리고 나서 할 일은 군에 있을 동안 중보해줄 진실한 동역자들을 찾는 것이다. 그런 이들이 내 곁에 몇 명이나 있는지 돌아보고 그들에게 기도편지를 보내보면 어떨까? 내 지난 인생을 돌아보아도 군에 가기 전인 20대 초반이 가장 진실한 친구들을 만날 수 있는 시기인 것 같다.

20대 초반은 어쩔 수 없이 이익과 얽혀 만나야 하는 관계가 비교적 적고, 소중한 꿈과 진실한 우정을 나눌 수 있는 친구를 사귀는 마지막 때라고 할 수 있다. 평생을 함께할 친구들에게 기도를 부탁하고 군에 간다면 더욱 든든한 마음으로 군 생활에 임할 수 있을 것이다.

또한 아무래도 친구들과 엇비슷한 시기에 군에 가게 될 것인데, 그 중에는 말년 병장을 친구로 둔 이등병도 있을 것이다. 같은 군인이 되어 나누는 기도편지는 더할 나위 없이 큰 힘이 된다. 군에서 받고 있는 은혜를 글로 옮기고 위로가 되는 말씀을 적어 다른 부대에서 복무하고 있는 친구들에게 보내고 서로 기도해 주라. 지금 나의 상황을 가장 이해해 줄 수 있는 동역자들이 있다는 생각에 마음이 든든해질 것이다.

이렇게 영적인 부분을 준비하는 것 외에도 육체적으로 치료받아야 할 부분이 있는지 점검하는 것도 반드시 필요하다. 위가 아프면 내시경 검사를 받아보고, 치질이 있으면 약물치료나 필요에 따라 수술을 받아야 한다. 군대에서는 육체적으로 불편을 느껴도 참고 따라가야 하는 경우가 많기 때문이다.

아는 후배에게 들은 이야기다. 함께 군 복무하던 동료가 훈련 때마다 고통을 호소하며 더 이상 못하겠다고 외치며 울었다. 외관상으로는 아무 문제 없어 보이는 건장한 체격의 동료가 훈련 때마다 그러니 고참들은 엄살이겠지 싶어 나무라며 훈련을 강행했다.

끔찍한 이야기이지만, 그 동료는 얼마 후 철모에 군화 끈을 매어 나무 위에서 스스로 목숨을 끊었다. 부검 결과 알게 된 일인데 그 동료는 다른 이들보다 심장 크기가 무척 작아서 격한 훈련을 감당하는 데 많은 고통이 있었을 것이라고 했다. 하지만 그의 가족들조차 이 사실을 몰랐다. 강도 높은 훈련을 받을 때마다 그는 얼마나 괴로워했을까?

이렇게 자신이 감수해야 할 육체적 고통을 생각한다면 아픈 곳을 미리 치료하고 건강한 체력을 길러 입대해야 한다. 나 때문에 다른 사람에게도 피해를 주지 않도록 미연에 방지해야 한다.

태권도 1단, 준비해가면 편하다

군대에서 인원 점검은 식사나 취침처럼 매일 규칙적으로 실시된다. 또 매일같이 사용하는 암구어(아군끼리 미리 정해놓은 암호. 육안으로 상대를 확인하기 어려울 때 주로 사용한다)를 숙지하는 일도 중요하다. 이처럼 일상 중에 필수적으로 하는 일이 있는가 하면 제대 전까지 모든 군인이 반드시 취득해야 하는 것이 있는데, 이것이 바로 '태권도 1단'이다.

군대에서는 태권도 1단 자격이 없는 사람들을 따로 불러 훈련을 받게 한다. 다른 것들은 군에서 시간이 해결해주지만 태권도 1단 만큼은 훈련을 거쳐 실력으로 따내야 하는 자격증이다. 마라톤을 할 때 짐을 하나 지고 가는 것과 맨몸으로 뛰는 것이 다른 것처럼 군 생활도 가급적 거치는 것이 없어야 편하다.

다리 찢기, 발차기, 주먹 지르기 등등 훈련을 받다보면 '미리 준비해올 걸' 하는 후회가 밀려온다. 일과 시간 내내 훈련 받을 때도 있지만 실력에 진전이 없으면 일과 후에라도 추가 훈련을 받는다. 나도 태권도 1단 자격증이 없어서 이 훈련을 군에 가서 받았다. 훈련이 강도 높고 힘들어서가 아니라 일상적인 군 일정을 감당하며 따로 자격증을 준비하는 것에 스트레스를 받았던 기억이 난다.

가급적 태권도 1단을 미리 따서 군에 가라고 권하고 싶다. 단증은 입대할 때 가지고 가도 좋고, 첫 휴가 나왔을 때 챙겨서 가도 된

다. 어릴 때 단증을 취득해서 분실했다면 재발급을 받아두어야 한다. 나도 어릴 때 태권도장에 다녔었는데 1단을 취득하지 못하고 빨간 띠까지만 배우다 그만 두었었다. 군에 가서 '조금만 더 배울 걸' 하며 후회했던 기억이 난다.

혹 태권도 1단을 준비할 여유가 되지 못한다면 상황을 긍정적으로 받아들이고 군에 와서 무료로 태권도를 배우게 된 것에 감사하라. 군대의 태권도 1단 시험은 힘찬 동작으로 정확하게 하면 쉽게 승단할 수 있다. 너무 오버하거나 눈에 띄면 오히려 감점 요인이 된다. 나와 함께 시험을 보았던 한 동기는 무술로 연마된 몸이라 그런지 태권도 동작도 쉽게 익혔다. 자신감에 찬 그는 시험 당일에 괴성을 지르며 너무 과장된 동작으로 발차기를 해서 심사관의 심경을 건드렸다. 결과는 낙방.

태권도 1단 뿐 아니라 수영도 필요한 부분 중 하나다. 군에서는 여름에 전투수영이라는 것을 하는데 부대 근처의 강이나 계곡에 가서 수영 훈련을 받게 된다. 이 훈련은 수영을 잘 하는 그룹과 못 하는 그룹으로 나누어 받는다. 부대마다 차이는 있지만 후자는 기초적인 훈련부터 받게 되기 때문에 더 힘들다. 무엇이든 조금이라도 더 준비된 사람에게 편한 곳이 군대라는 것을 기억하라.

10대 군가와 복무신조를 외워가자

군인 관련 사이트에 들어가면 100일 휴가 나온 신병들의 실제적인 고민을 들을 수 있다. 많은 이들이 언급하는 스트레스 중 하나가 군가와 복무신조를 외워야 하는 것이다. 군에 가서 반드시 외워야 하는 이 두 가지를 미리 외워간다면 한결 더 편하게 군 생활에 적응할 수 있다.

무엇이든 잘 외우는 사람이라면 별 문제 없겠지만 긴장된 상황에서 다양한 가사를 외우는 것은 부담이 된다. 인터넷에서 쉽게 다운받아 들을 수 있는 군가, 미리 외워가는 센스를 발휘해보자.

1. 팔도 사나이
보람찬 하루 일을 끝마치고서 두 다리 쭈욱 펴면 고향의 안방
얼싸 좋다 김 일병 신나는 어깨춤 우리는 한 가족 팔도 사나이
힘차게 장단 맞춰 노래 부르자 정다운 목소리 팔도 사나이

2. 행군의 아침
동이 트는 새벽 꿈에 고향을 본 후 외투 입고 투구 쓰면 마음이 새로워
거뜬히 총을 메고 나서는 아침 눈 들어 눈을 들어 앞을 보면서
물도 맑고 산도 고운 이 강산위에 서광을 비추고자 행군이라네

3. 최후의 5분
숨 막히는 고통도 뼈를 깎는 아픔도 승리의 순간까지 버티고 버텨라
우리가 밀려나면 모두가 쓰러져 최후의 5분에 승리는 달렸다
적군이 두 손 들고 항복 할 때까지 최후의 5분이다 끝까지 싸워라

4. 진짜 사나이
사나이로 태어나서 할일도 많다만 너와 나 나라 지키는 영광에 살았다
전투와 전투 속에 맺어진 전우야 산봉우리에 해 뜨고 해가 질 적에
부모 형제 나를 믿고 단잠을 이룬다

5. 진군가
높은 산 깊은 물을 박차고 나가는 사나이 진군에는 밤낮이 없다
눌러 쓴 철모 밑에 충성이 불타고 백두산까지라도 밀고 나가자
한 자루 총을 메고 굳세게 전진하는 우리의 등 뒤에 조국이 있다

6. 전우
겨레의 늠름한 아들로 태어나 조국을 지키는 보람찬 길에서
우리는 젊음을 함께 사르며 깨끗이 피고 질 무궁화 꽃이다

7. 전선을 간다
높은 산 깊은 골 적막한 산하 눈 내린 전선을 우리는 간다
젊은 넋 숨겨간 그때 그 자리 상처 입은 노송은 말을 잊었네
전우여 들리는가 그 성난 목소리 전우여 보이는가 한 맺힌 눈동자

8. 용사의 다짐
남아의 끓는 피 조국에 바쳐 충성을 다하리라 다짐했노라
눈보라 몰아치는 참호 속에서 한 목숨 바칠 것을 다짐 했노라
전우여 이제는 승리만이 우리의 사명이요 갈 길이다

9. 멸공의 횃불
아름다운 이 강산을 지키는 우리 사나이 기백으로 오늘을 산다
포탄의 불바다를 무릅쓰면서 고향땅 부모 형제 평화를 위해
전우여 내 나라는 내가 지킨다 멸공의 횃불 아래 목숨을 건다

10. 아리랑 겨레
밟아도 뿌리 뻗는 잔디풀처럼 시들어도 다시 피는 무궁화처럼
끈질기게 지켜온 아침의 나라 옛날 조상들은 큰 나라 세웠지
우리도 꿈을 키워 하나로 뭉쳐 힘세고 튼튼한 나라 만드세
아리 아리 아리랑 아리 아리 아리랑
아리랑 가슴에 꽃을 피우세

〈육군 복무신조〉
우리는 국가와 국민에 충성을 다하는 대한민국 육군이다
하나, 우리는 자유민주주의를 수호하며, 조국통일의 역군이 된다
둘, 우리는 실전과 같은 훈련으로 지상전의 승리자가 된다
셋, 우리는 법규를 준수하고, 상관의 명령에 절대 복종한다
넷, 우리는 명예와 신의를 지키며, 전우애로 굳게 단결한다

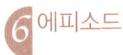에피소드

실수로 연마된 의무병 생활

(전역 육군, 예원)

"야, 예일병! 니가 무슨 짓을 했는지 알아? 너 사람 잡을 뻔했다구! 잘못하면 사람 한 명 죽을 뻔했어!" 일과가 끝난 한가한 토요일 오후. 군의관과 함께 잠시 외진을 다녀온 선임은 작정을 하고 나를 혼내기 시작했다. 평상시 친절했던 군의관도 입을 꼭 다물고 씩씩거리고 있었다. 크게 경례를 올렸지만 사납게 위아래를 쏘아볼 뿐이었다.

'아, 실수했구나!' 무엇이 잘못됐는지 이내 떠올릴 수 있었다. 이번엔 꽤 심각했다. 부스코판이었던가? 몸살에 곧잘 처방되던 앰플 주사제. 이것이 맞는지 확신이 없었음에도 꾸중을 들을까 묻지 않고 진찰백에 넣었던 것이 화근이었다.

군의관이 영외에 있는 대대장 숙소로 노령의 장모를 진찰하기 위해 갔는데, 내가 앰플 주사제 대신 전신마취제를 넣은 것이다.

군의관은 진찰 중에 상황을 파악하고 서둘러 먹는 약으로 처방해 드렸다. 이렇게 대대장 숙소를 빠져나와 사건은 일단락 됐다. 일개 사병인 나의 실수로 사람 한 명을 저 세상으로 보낼 뻔한 것이다. 게다가 군의관을 비롯한 여러 사람이 영창에 갈 수도 있었다고 생각하니 아찔함에 고개가 절로 흔들렸다. 배운대로 앰플을 꺾어 주사기 안에 약을 담아 놓지 않은 것이 천만다행이었다.

난 이렇게 실수를 연발하며 어리숙하게 군 생활에 적응해 갔다. 처방전을 잘못 읽고 감기 환자에게 소화제만 전해준 것도 여러 번이었다. 자대 배치를 받은 지 5개월이 지났지만 나는 아직도 약품명을 하나하나 정확히 기억하지 못하고 있었다. 3개 대대가 함께 모여 있는 큰 부대라 지급되는 약만도 수백 가지였다. 하루 백 명 가까운 환자를 받아내느라 나는 나름대로 힘든 의무병 생활을 보내고 있었다.

하지만 짬밥은 그냥 먹는 것이 아니라고 했던가. 시간이 지나며 나도 신중하고 정확하게 일을 처리해 나가게 됐다. 손놀림도 세련되어져 수액(링겔) 주사하는 일은 한때 내 독차지가 되기도 했다. 나에게 소독과 테이핑을 받고 싶다는 간부들도 심심치 않게 생겼다. 귀동냥으로 전해들은 진찰 용어는 타 보직 사병들이 의무병을 무시할 수 없게 하는 유용한 도구로 쓰였다.

실수하지 않는 사병은 없는 것 같다. 거듭된 실수가 가져온 웃지 못할 사연들이 이젠 값진 추억으로 내 기억 속에 남아 있다.

7장
실전으로 들어가기

오늘의 수양록

이제 상병을 단다. 좀 더 진지해지고 자기관리를 해야 할 때다. 이제 스스로 할 일을 정하고 어느 정도 일과를 그려볼 수 있게 됐다. 그만큼 여유가 생긴 것이다.

매일 농구와 축구 한 게임은 꼭 하자. 그리고 윗몸 일으키기 70회, 푸시업 70회, 평행봉 7차례, 독서는 1주일 꼭 한 권씩. 다음 달에는 이사야서를 완독하고 매일 나와 가족을 위해 기도해야지. 매일 영어 단어 공부하기. 영어 복습은 수첩에 적어서, 독서와 영어는 일과 후 각각 1시간 반씩!

군대에 갔으니, 군인이 되어라

군에 입대하기 전 대부분의 청년들은 밤늦게까지 활동한다. 늦은 시간까지 공부를 하거나 친구들과 어울리고 아침 늦게까지 자던 경험이 있을 것이다. 이런 습관은 하루아침에 바뀌지 않는다. 습관을 바꾸려면 어느 정도 적응 기간이 필요하다. 군대에서는 일찍 자고 일찍 일어나는 규칙적인 생활을 해야 한다.

일찍 자는 것은 쉽게 적응할 수 있을지 모르지만 아침 일찍 일어나는 일에는 쉽게 피곤을 떨칠 수 없다. 이 점을 기억하고 가급적 군대 가기 몇 달 전부터는 개인적으로 기상 훈련을 해야 한다. 6시 30분에 일어나 간단한 스트레칭을 하는 습관만 들여놓아도 입대초기에 많은 도움이 될 것이다.

그리고 군대 생활에 잘 적응하기 위해서 익혀두어야 할 행동들이 있다. 먼저, 말투에 적응을 해야 한다. 짧고 명확한 말투를 사용하는 군대에서는 모든 말들이 '~다' '~까'로 끝난다. 또 전화를 받을 때도 '통신보안 ○○(계급명) ○○○(이름)입니다!'라고 받아야 한다. 입대하면 다 배우는 것이지만 미리 연습해보는 것도 좋다. 실수로라도 사회에서 쓰던 말버릇이 나오면 고참들의 눈밖에 날 수 있기 때문이다.

큰 목소리로 말하는 연습도 필요하다. 인사할 때도 큰 소리로 경례를 붙이며 해야 한다. 이등병 초기에는 무조건 보는 사람마다 경례를 해야 한다. 누가 누구인지 구분이 잘 안가서 인사를 못하는 실수를 범할 수 있기 때문이다. 매우 극단적인 경우이지만, 내가 군 생활을 할 때는 사단장에게 제대로 인사하지 않은 군인들이 영창에 가는 경우도 있었다. 반대로 인사를 잘해서 사단장이 그 자리에서 시계를 풀러 선사하는 모습도 보았다.

경례를 붙일 때 기억해야 할 점은 반드시 큰 소리로 해야 한다는 것이다. 작은 목소리로 중얼중얼 말하다가는 군기가 빠졌다며 큰 소리로 제대로 할 때까지 그 자리에 서 있어야 할지도 모른다. 때와 장소에 관계없이 큰 소리로 경례를 붙이며 인사하라. 칭찬받을지언정 손해보는 일은 없다.

고참들과 대화할 때 주의해야 할 점도 있다. 고참들은 신입 병사들을 좀더 알기 위해 말을 붙이는 경우가 많은데 '편하게 생각해라' 면서 유도심문을 할 때가 있다. 이때도 정신 바짝 차리고 정중하고 예의 있게 대답해야 한다.

정말 교회나 학교 선배들과 대화하듯이 편하게 굴었다가는 얼차려를 받기 일쑤다. 고향이 같으니, 같은 학교 출신이니 하면서 친밀감 있게 대화가 흘러가더라도 끝까지 군기를 잃으면 안 된다.

때때로 알면서도 대답하지 말아야 하는 것들이 있다. 가령 고참이 "제대가 얼마나 남았느냐?"고 물었다 해서 "몇 개월 하고 며칠 남았습니다"라고 대답하면 개념이 없다거나 군기가 빠졌다는 소리를 듣는다. 제대 날을 손꼽아 기다리는 것은 다 알지만, 이런 질문을 받았을 때만큼은 "아직 멀었습니다. 오직 군 생활에 집중하겠습니다"라는 식으로 답하는 게 지혜롭다.

고참에게 다른 고참의 말을 전할 때는 존칭 사용에 주의해야 한다. 한 이등병이 이순신 병장에게 "홍길동 상병님이~" 하고 존칭을 잘못 사용했다. 이순신 병장이 "병장한테 상병님이 뭐냐!" 하고 지적하자 이등병은 잠시 생각하더니 "길동이 상병이~" 하고 더 큰 실수를 저지르고 말았다. 둘 다 고참이라도 보다 아랫 계급의 고참에 대해서는 낮춰 얘기해야 한다. "홍길동 상병이~"라고 말했어야 했다.

계급이 낮을 때 특히 주의해야 할 점은, 과잉의욕도 고참들 눈밖에 난다는 점이다. 내가 처음 자대 배치를 받고 이등병으로 부대에 들어왔을 때 섬기려는 마음으로 쓰레기통을 비운 적이 있었다. 칭찬을 기대했던 나에게 고참은 "네가 뭔데 벌써 쓰레기통을 비우냐?"고 말했다. 나는 예상 밖의 상황에 무척 당황했다. 나중에 알고 보니 쓰레기통 비우는 일은 한 달쯤 지나서야 하는 일이었.

내가 한 행동이 졸지에 고참의 권위에 도전하는 것이 되어버렸다. 어떻게 보면 정말 유치하게 느껴질 수도 있는데, 군대에서는 이처럼 사소한 일도 서열에 맞게 배분해서 한다. 함부로 나서다가는 눈치 없는 신병으로 전락할 수 있으니 모든 행동에 주의를 기울여야 한다. 군대에서는 좁은 생활 반경에서 여러 사람이 서로의 영역을 구축하며 생활해야 하니 작은 것에도 규율과 법칙을 정해서 행동한다는 점을 기억하라.

고참과 후임 사이

사회에서 '세상은 나를 중심으로 돌아간다'고 생각하며 살아왔을지라도, 군대에 가면 '세상이 고참을 중심으로 돌아간다'는 사고를 가져야 한다. 이렇게 생각을 전환하면 좀더 쉽게 군대에 적응할 수 있다. 조금 억울할지 모르지만 군대에서는 내 몸보다 고참의 몸을 더 아끼고 보살펴야 한다. 고참들이 생활관의 중심이자 군 생활의 중심인 것이다.

외동아들로 자라 부모 주위를 떠나지 못하고 맴돌며 자라온 헬리콥터 족들에겐 이런 군 생활이 더욱 버겁게 느껴질 수 있다. 늘 좋은 것으로 챙겨주시던 부모님도 곁에 없고, 엄격한 텃세를 부리는 고참들 눈치를 보며 군 생활에 적응해야 하기 때문이다. 하지만 이런 관계 훈련은 인생에 있어 언젠가는 귀한 약이 될 것이다.

군대 갔다 온 사람은 물론이고 온 국민이 알고 있는 군대 용어 중에 '짬밥'이라는 말이 있다. 이 말은 사전에도 없다. 그렇다고 사투리, 비어, 속어도 아니다. 본디 말은 '잔반'으로 '먹고 남긴 밥'이라는 뜻인데 이 단어가 변형되어 짬밥이 된 것이다. 군대에서는 누가 짬밥을 많이 먹었느냐에 따라 고참이 정해진다. 그래서 '짬밥 숫자'라는 말이 생겼다.

고참을 받들다가 신참 시절이 지나가는 게 사실이지만, 동시에 짬밥을 먹어가며 자신도 고참이 되어간다는 걸 잊어선 안 된다. 지금 고참들이 누리는 생활이 곧 내가 누리게 될 생활이라고 생각하면 불편한 마음이 조금이라도 누그러질 것이다. 군대에서는 조건 없이 고참에게 복종하는 법을 배우고, 후임에게는 따끔한 훈계와 따스한 관용을 베푸는 법을 배운다.

모든 권세는 하나님께서 주신다. 그러므로 군대라는 조직 속에서 만난 고참의 권위도 인정해주어야 한다. 나보다 부족해보여도 때로는 고참의 판단을 이해할 수 없어도 존중하고 받아들이는 훈련을 해야 한다. 고참의 말에 귀 기울이고 그의 필요를 채울 줄 아는 후임이 되어야 한다. 이렇게 군에서 자의 반 타의 반으로 익히게 된 태도가 사회에 나와서 빛을 발하는 경우가 종종 있다.

사회에 나와 어떤 일을 하게 되더라도 윗사람을 만나면 고참에게 하듯이 절도 있게 예의를 갖추어라. 그리고 아랫사람에게는 엄격하면서도 따스한 모습을 보여라. 그러면 어느 조직 속에서나 인정받는 사람이 된다. 사회생활을 하다보면 불가피하게 억울하고 힘든 순간을 맞는다. 이때 군대의 경험이 관계를 해결하는 열쇠가 되어줄 것이다. 윗사람에게 충성하고 아랫사람들을 지혜롭게 통솔하는 훈련을 통해 진정한 리더로 빚어져 가는 것이다.

군에서는 신참이 잘못했을 때 고참들이 직접 꾸짖는 일이 없다. 중간 계급을 나무라고 그를 통해 신참을 바로 잡게 한다. 내가 잘

못하면 내 바로 위의 선임이 혼쭐이 난다. 이런 방식은 자신의 행동에 더욱 책임감을 느끼게 하고 공동체 의식을 강하게 갖게 한다. 이렇게 엄격한 군 생활 속에서 본받을 점들을 찾아 적절히 체득한 사람은 더 큰 유익을 얻는 날이 반드시 올 것이다.

고참과의 관계에서 지혜롭게 대처하다보면 자연스레 후임들이 자신을 따르게 된다. 고참의 처사에 불평을 느꼈다면 그런 점은 본받지 말고 후임들에게 정말로 괜찮은 선임의 모습을 보여주어라. '고참이 나한테 이렇게 했다'는 생각에 고문관처럼 행동하면 자신에게도, 군 생활에도 유익이 없다.

고참으로서 본이 된다는 것은 정말 어려운 일이다. 그렇지만 후임들에게 자신 있게 복음을 전할 수 있도록 크리스천다운 모습을 보여주어야 한다. 용기를 내어 전한 한 마디가 한 생명을 사망에서 구원으로 옮겨놓을 수 있다.

나도 군대 시절에 고참에게 복음을 전한 적이 있다. 고참이 내 이야기를 듣고 비웃을 줄 알았는데, 심각하고 진지하게 들으며 반응하는 모습에 오히려 내가 더 놀랐다. 나와 함께 군 생활 할 동안 그 고참이 주님을 영접하지는 않았지만 하나님께서는 그 복음의 씨앗을 기억하시고, 언젠가 열매 맺으실 것이다.

훈련에 적응하기

국군의 날 군인들이 총대 매고 행진하는 것을 본 적이 있을 것이다. 총을 다루고 다른 병사들과 열을 맞추어 움직이는 제식 행위가 훈련소의 중요 훈련 중 하나다. 훈련소 수료식 때 부모님과 사단장 앞에서 훈련소 기간 동안 연습했던 집총과 제식을 선보인다. 총을 들고 발맞추어 행진하는 훈련에서는 무엇보다도 집중력이 필요하다. 한 사람이라도 박자를 놓쳐 대열을 이탈하면 안 되기 때문이다.

민간인에게 국민체조가 있다면 군인에게는 도수체조가 있다. 이것은 제대 후에도 간간이 하는 것이기 때문에 잘 익혀두면 좋다. 도수체조나 총검술 같은 훈련은 몇 가지 동작을 반복하는 것이기 때문에 부담 없이 익힐 수 있다.

PT체조는 도수체조에 비해 좀 더 힘이 든다. 목봉체조는 통나무를 여러 명이 들고 좌우로 옮기며 훈련하는 것인데 키가 작거나 크면 조금 더 힘들 수 있다. 헬기레펠은 헬기 모양의 높은 건물 위에서 줄을 타고 내려오는 것이다.

훈련병들이 가장 두려워하는 훈련은 '행군'과 '화생방'이다. 행군은 40km 이상을 완전군장 상태로 걸어야 하므로 강한 체력과 인내를 필요로 한다. 반면 화생방은 짧은 시간에 많은 인내를 요한다. 쉽게 말해서 화생방은 실행 전 두려움이 가장 크지만 훈련의 고통은 매우 짧다. 예비역들이 하는 농담 중에 '실전 화생방 상황이면 방독면 쓰고 뛰느니 방독면 벗고 죽는 게 낫다' 는 말도 있다. 그만큼 순간의 고통이 크다는 말이다.

화생방 훈련이 시작되면 일단 훈련실에 들어가서 숨을 참을 수 있을 때까지 참고 나중에는 조금씩 내쉬어야 한다. 나는 훈련 도중 방독면을 썼다 벗기를 여러 번 반복했다. 순간적으로 매우 고통스럽지만 몇 분이 지나면 다시 원상복귀 된다는 것을 기억하고 참아야 한다. 훈련보다 우리를 고통스럽게 하는 것은 그 전에 느끼는 긴장감이다.

군대에서 받는 훈련 중 사격은 아주 기본적인 것이다. 사격은 실제 실탄을 발사하는 훈련이기 때문에 굉장히 엄격한 분위기에서 진행된다. 탄알을 받고 조준점을 찾고 겨누고 쏘는 과정에 대해 조교는 여러 번 설명하지 않는다. 처음에 설명을 잘 들어야 한다.

내가 처음 사격 훈련을 받았을 때 생각보다 반동과 충격이 매우 커서 놀랐던 기억이 있다. 영화에서 주인공들이 양 팔에 기관총을 들고 쏘는 것은 정말로 영화에서나 가능한 일이다. 총 한 개만 들고 쏘아도 대포를 쏘는 듯한 반동을 느끼기 때문이다.

수류탄 훈련은 의외로 간단하고 쉽다. 수류탄 사용방법도 쉽게 익힐 수 있고, 연습용 수류탄을 던지는 것도 제법 재미있다. 그러나 실제 수류탄을 던질 때는 사격과 마찬가지로 실제 무기를 사용하는 것이기 때문에 진지하고 엄한 분위기에서 훈련이 진행된다. 수류탄의 경우 잘못 던지면 그 피해가 상상을 초월하기 때문에 소대장 이상 간부급들의 철저한 감독이 따른다.

개인적으로 내가 가장 재미있게 받았던 훈련은 각개전투다. 총을 들고 부대별로 진군하면서 전투 상황을 재현하는 것인데 장애물도 넘고 포복도 하면서 서바이벌 게임 같이 훈련을 한다.

그리고 훈련 중 가장 그럴싸해 보이는 것은 아무래도 유격훈련일 것이다. 가장 군인다운 모양새가 나는 훈련이라서 드라마나 다큐 프로그램에서는 주로 이 훈련 장면을 방영한다.

2부_준비된 자는 실전에 강하다　119

훈련마다 힘들고 어려운 점이 있지만 이런 훈련의 과정을 통해 심신이 단련되고 있음을 기억하며 두려움보다는 모험심으로 잘 감당해내길 바란다.

보직에 적응하기

군인이 되면 사람마다 다양한 보직을 맡을 수 있다. 훈련소에서 개개인의 특기에 따라 통신병, 운전병, 보병 등으로 보직이 정해진다. 필요에 따라 다양한 분야의 특기자들을 뽑기도 한다. 자신의 보직이 정해지면 관련된 일들을 재치 있고 빠르게 마스터해야 한다.

자신의 특기를 살려 군 생활을 하고 싶다면 보직을 정할 때 적극적으로 자원하는 게 좋다. '나보다 더 잘 하는 동기가 있을지 몰라' 하는 생각은 버려야 한다. 어느 정도 자신이 있다면 용기 있게 지원을 하라. 당연한 얘기지만 없는 기술을 있다고 하면 안 된다. 처음 보직을 맡아 적응할 때는 고참에게 지적을 당하며 어려움을 겪을 수 있지만 점차 능숙하고 숙련된 모습으로 성장하면서 좀더 자유로운 군 생활을 영위할 수 있게 된다.

군대에서 사람을 뽑는 기준은 사회와 많이 다르다. 사회에서는 자격증과 경력을 중시하지만 군대에서는 그런 것들이 통하지 않는다. 오히려 선임병들의 취향(?)에 따라 사람을 뽑는다. 예를 들어 조교를 선출하는 과정에서 리더십 있고 책임감 있는 성품의 병사를 뽑는 게 마땅한 기준이지만, 우리 부대의 경우에는 축구를 잘 하는 사람 순으로 조교를 선출했다. 어떠한 특기든지 군대에서 필요한 장기가 될 수 있다. 그러므로 자신감을 갖고 지원하는 자세가 필요하다.

내 보직은 대대장 운전병이었다. 지프차뿐만 아니라 대형 트럭을 몰 수 있는 능력이 필요했는데 대형차는 운전해본 경험이 전무했기에 고참에게 직접 교육을 받게 됐다. 대형차에는 익숙지 않아서 핸들 돌리는 것부터가 어색하고 적응이 잘 안 되었다. 훈련받는 동안은 고참의 잔소리를 귀에 달고 살았다. 하지만 그런 과정에서 소형차, 지프차, 대형 트럭까지 능숙하게 몰 수 있는 수준에 이르렀다. 결국 나는 군 생활을 통해 풍부한 운전 경험을 쌓았고 사회에 나와서 어떤 상황에서도 능숙하게 운전할 수 있게 되었다.

또 이런 일도 있다. 내가 있던 신병 교육대 안에는 이발소가 있었다. 주로 부대의 간부들이 이용하는 곳이었는데 이발 기술이 있는 병사를 급히 뽑는다는 전갈이 내려왔다. 당시 함께 훈련받던 병사 한 명이 자원해서 이발소에 들어가게 되었다. 실제로 그는 전문적으로 이발을 배운 적은 없었다. 손재주가 조금 있어서 지인들의 머리를 다듬어준 경험이 몇 번 있었을 뿐인데 다른 자원자가 없자 자원한 것이다.

간부들은 이 사실을 모른 채 그에게 머리를 맡겼다. 머리를 다듬는 방법이 조금 어색하고, 깎아놓은 모양도 이상했지만 "이게 요즘 젊은이들이 선호하는 스타일입니다"라는 그의 말에 모두들 넘어갈 수밖에…. 그 병사는 이발소에서 복무하며 그렇게 기술을 익혔고 제대할 무렵에는 능숙한 이발사가 되었다고 한다.

이처럼 군대에서는 예상치 못한 상황에서 작은 소질이라도 가진 사람을 뽑는 경우가 꽤 있다. 실력이 없다면 지원자를 훈련시켜서 사용하기도 한다. 작은 소질이 있다면 더욱 익힌 다음 자신만의 특기로 만들 수 있는 곳이 군대다.

하지만 모든 보직이 어깨너머로 보는 것만큼 편하고 쉬운 것은 아니다. 보통 PX 관리병은 가장 편하게 군 생활하는 것처럼 보인다. 하지만 PX에서 복무했던 K형제는 군 생활 내내 다른 보직을 맡은 병사들이 부러웠다고 말한다. 밤늦은 시간까지 재고를 파악하느라 잠이 부족할 때도 있었고, 일주일에 서너 번은 물건을 하역하느라 고생을 했다. 수시로 무거운 음료 박스를 옮겨야 하고 결손액이 생기면 자기 돈으로 부족분을 채워야 한다. PX 관리병 치고 자기 돈으로 결손액을 메꾸지 않아본 사람이 없다고 할 정도니, 돈을 관리하는 부분도 상당히 신경이 쓰이는 부분이었다.

하지만 어떤 보직을 맡은 병사라도 일반 병사들보다는 자유롭고 편하게 군 생활을 한다는 점에는 이의가 없을 것이다. 보직마다 나름대로 장단점이 있지만 단점보다는 장점이 많다는 것을 기억하고 소질을 살려 지원할 필요가 있다.

시간 보내는 노하우

　군 생활을 하면서 간혹 시간이 멈춰버린 것 같을 때가 있다. 실제로 군 생활을 해보면 이 말을 이해하게 된다. 군 생활은 기다림의 연속이기 때문이다. 훈련병 시절에는 이등병이 되는 것을 기다리고, 이등병이 되면 일병이 되는 것을 기다린다. 그리고 때때로 편지를 기다리고, 휴가를 기다리며 하루하루를 보낸다.

　생활관에서 가장 의미 있는 시간이 매달 1일이다. 새로운 달이 시작되면 아침 조회 후에 생활관장이 벽에 걸려 있는 지난달 달력을 확 뜯어낸다. 이때는 지긋지긋한 한 달이 지나고 새로운 달이 시작되었다는 기쁨을 너나할 것 없이 누리는 시간이다. 생활관원들 모두가 시간이 가는 것을 열망했고, 나 역시 그랬다.

　군 생활을 정말 즐겁게 하려면 지혜롭게 시간 보내는 법을 알아야 한다. 그 중 하나가 바로 시기별로 목적을 갖고 군 생활에 임하는 것이다. 훈련병 때는 훈련을 잘 받고 모든 상황에 적응하는 것을 목표로 하라. 이등병 때는 군기가 바짝 든 상태로 자대에 적응하는 일을, 그리고 일병이 되었다면 활용 가능한 시간을 이용해 미리 준비해온 분야의 공부를 시작하는 게 좋다.

　특별히 목표를 갖고 공부하는 분야가 없다면 책을 읽는 것은 어떨까? 다양한 분야의 책을 접하다 보면 사회에 있을 때보다 더 다양한 간접 경험을 쌓을 수도 있다. 이렇게 견문을 넓힌 채로 사회에 나갈 준비를 하라.

시기별로 목표를 정하고 그 목표를 매진하기 위해 노력하다보면 2년의 시간이 훌쩍 지나가게 된다. 시간을 보내기 위해 목표를 정하는 것이 아니라, 목표를 이루기 위해 뛰다보면 시간이 그 방향으로 흐르게 된다.

휴가는 어떻게 사용할까?

군대에서 휴가는 사막의 오아시스에 비유할 만큼 소중하고 의미 있다. 제대할 때까지 사용할 수 있는 휴가의 횟수가 정해져 있기 때문에 휴가는 꼭 필요한 때에 사용해야 한다. 기본적으로 대한민국 육군의 휴가는 100일 휴가 4박 5일, 일병진급 후에 9박 10일, 상병 진급 후에 9박 10일, 병장진급 후에 9박 10일이 기본이고 이외에 포상 휴가가 몇 번 있다.

공군의 경우 6주에 한 번씩 2박 3일간의 정기 휴가가 있고, 소대장으로 복무를 하는 경우는 매주 외박이 가능하다. 어떤 군인들은 2년 내내 휴가를 아껴두었다가 제대할 즈음에 몰아서 사용하는데, 이 방법은 별로 권하고 싶지 않다. 휴가는 말 그대로 지친 심신을 회복하여 군 생활에 활력을 주는 목적으로 사용되어야 한다.

휴가를 너무 남용하면 정작 필요할 때에 사용하지 못할 수 있다. 군이라는 곳은 희망을 먹고 사는 곳이다. 말년이 다 된 병장이 휴가를 미리 몰아서 다 써버리면 남은 복무 기간을 채워가는 게 힘들어진다. 휴가는 필요할 때마다 쓰되, 최소한의 휴가를 남겨놓는 지혜가 필요하다.

그러면 황금 같은 휴가 시간은 어떻게 보내야 할까? 나는 부대 복귀 후의 생활을 염두에 두고 휴가 계획을 짜라고 권하고 싶다. 군 생활에 도움이 될 책을 구입한다든지, 필요한 자료들을 준비하는 것도 괜찮다. 건강상태를 점검하러 병원에 다녀오는 것도 좋다. 군대에도 의무대가 있지만 세심한 치료에는 한계가 있기 때문이다.

나의 경우에는 100일 휴가를 교회에서 가는 국내 단기선교 기간에 맞춰서 나왔다. 나에게 가장 귀한 것을 하나님께 드리는 마음으로 계획한 것이다. 휴가 기간을 마치고 부대로 돌아오니 고참이 첫 휴가 기간을 어떻게 보냈는지 말해보라고 했다. 단기선교를 다녀왔다는 내 대답에 어이없어 하늘만 바라보던 선임의 모습이 떠오른다.

하지만 그 시간을 하나님께 드린 후 나는 몇 배로 갚아주시는 하나님을 경험했다. 특별휴가만큼은 남부럽지 않게 자주 나오게 됐고, 주님이 나의 작은 헌신을 기뻐 받으셨음을 마음으로 느낄 수 있었다.

 에피소드

바다의 추억
(전역 해군, 황유섭)

몇날 며칠을 바다 위에서 살다가 육지에 닿으면 온 땅이 출렁거리는 듯한 경험을 하게 된다. 심한 배 멀미와 싸우기를 반복하다보면 더욱 간절해지는 육지에 대한 그리움. 차라리 심한 노동을 하며 땀 흘리는 게 낫지, 정말이지 배 멀미는 다시 떠올리기조차 거북할 만큼 고통스러웠다.

한번은 심한 멀미에 시달리다 바람을 쐬고 와야겠다는 생각으로 외진 갑판 구석으로 나왔다. 차가운 바람이 가슴까지 불어오자 불편한 속이 좀 잠잠해졌다. 순간 피곤한 육신이 노곤해지며 그 자리에서 깜박 잠이 들고 말았다. 원래 그날은 바람이 많이 불고 파도가 높아서 바깥 출입이 금지되어 있었다. 내부에서는 인원 점검이 시작되었고, 내가 보이지 않자 모두들 나를 찾느라 혈안이 되어 있었다. 끝내 동기 한 명이 갑판 구석에 잠들어 있는 나를 발견했다.

나는 그 일로 한동안 실로 고된 대가를 지불해야 했다.

1998년 어느 날에는 우리 함정에 미스코리아 참가자들이 사진촬영을 위해 탑승을 하게 됐다. 모두들 난리 법석이었다. 장병들은 통제 가운데서도 비키니 차림의 미스코리아 후보들을 한 명이라도 더 보기 위해 기를 쓰고 기회를 엿봤다. 설렌 표정으로 배에 오르는 예쁜 아가씨들에게 우리는 온통 마음을 빼앗겨버렸다.

그런데 웃으며 배에 올라 포즈를 취하는 것도 잠시, 출항 후 얼마의 시간이 지나자 참가자들은 멀미로 인해 파김치가 되었고, 파도가 치고 바람이 거세지자 모두들 자리를 잡고 누워버렸다. 죽을 듯한 표정으로 기운없이 앉아 있다가도 촬영 차례가 돌아오면 언제 그랬냐는 듯 한껏 우아한 포즈로 미소를 짓던 참가자들. 지금 돌아보니 참 웃지 못할 추억이 아닌가 싶다.

그해 겨울에는 가슴 아픈 기억이 하나 있다. 1998년 12월 25일, 군에서 맞는 두번째 크리스마스에 있었던 일이다. 어김없이 동해 최전방 경비 임무를 수행하고 내려와 여유 있는 시간을 보내려던 참이었다. 갑자기 울리는 비상벨에 전투배치가 붙었다. 북한 경비정이 북방 한계선 근처까지 내려온 것이다. 근거리에서 만나보는 적함이었다.

모두들 긴장한 채로 '이렇게 장렬하게 죽음을 맞는 것이 아닌가!' 하는 비통한 심정에 사로잡혀 있었다. 아니나 다를까 수동으로 기계 조작을 하는 북한 경비정의 포문이 우리를 향해 열리는 모습이 보였다. 마음이 다급해졌다. 순간 사랑하는 사람들의 얼굴이 떠올랐다. 한 민족이 대치상황에서 서로의 배를 적함이라 부르는 상황이 너무 안타까웠다. 다행히 상황은 곧 종료되었지만 분단의 아픔이 가슴에 새겨진 경험이었다.

    이 땅에서 국가의 부름에 응답하여 청청한 나이에 젊음을 불사르는 대한민국 국군 장병들의 노고가 헛되지 않길 원한다. 오늘도 평화 통일의 그 날을 기원하며, "대한민국 국군 장병 파이팅!"

3부. 푯대를 향해 나아가라

8장
폭풍 속에 선 나의 영혼

오늘의 수양록

무더운 여름, '누군가 냉장고에 넣어두었던 시원한 음료수 한 잔만 주었으면' 하는 생각이 간절해질 무렵 김 이병이 내게 밝은 얼굴로 달려왔다. "무슨 일이야?" 나의 질문에 마치 점수라도 따려는 듯 상기된 얼굴로 하는 말. "안 병장님, 지금 불교 예불에 가시면 시원한 콜라와 롯데리아 햄버거를 주고 있습니다. 함께 가시죠!"
콜라 한 잔에 마음이 흔들리는 순간이었다. '오, 주여! 기독교 예배에서도 시원한 콜라를 맛보게 하옵소서!'

"나는 크리스천입니다!"

부드러운 남성상을 선호하는 요즘 신세대들은 강한 남성 문화의 상징인 군대를 필요악으로 생각하는 경향이 있다. 크리스천 청년들도 예외는 아니다. 군 생활을 그저 '고난의 때'로 인식하고 마지못해 받아들이는 이들을 많이 만난다.

군 생활 자체를 힘겨워하는 경우도 많지만 누구도 붙잡아주는 이 없는 그곳에서 자신의 신앙을 지키는 것은 쉽지 않은 일이다. 군대에서 신앙을 키워나가고 절제된 삶을 살려면 먼저 자신이 크리스천인 것을 주변에 알리는 게 좋다. 예를 들어 다이어트나 금연의 경우도 주변에 알리고 시작하면 시선을 의식해서라도 지키려고 하기 때문이다.

C형제는 군 생활 중 자신이 크리스천인 것을 부대원들에게 알렸다. 사실 그의 이름이 성경 인물과 동일한지라 굳이 말하지 않아도 알 만한 사람은 다 아는 사실이었다. 그러다보니 토요일 밤샘 근무를 한 후에도 주일 아침이 되면 늦잠을 자지 못했다고 한다.

피곤을 참지 못하고 자리에 누우려고 하면 주변에서 "교회 갈 시간인데 일어나!" 하며 친절하게(?) 그를 깨워주더란다. 술을 좀 입에 대려 해도 "믿는 사람이 술을 먹어도 되는 거야?"라는 질문이 무서워 자연히 멀리하게 되었다. 이름 때문에, 자신이 크리스천인 사실을 알린 것 때문에 스트레스를 받기도 했었지만 결과적으로 자신의 신앙을 지키는 데 많은 도움이 되었다고 한다.

세상에서 숨길 수 없는 것이 몇 가지 있다. 하나는 감기(기침)이고, 또 하나는 사랑하는 두 사람 사이에서 느껴지는 사랑의 분위기다. 하나님을 믿는 우리들은 곧 그리스도의 향기요 편지다. 이 말은 곧 우리를 통해 세상이 그리스도를 알게 된다는 뜻이다. 우리는 그리스도의 향기로서 세상 가운데 퍼져 그 향기를 드러내야 한다. 우리가 하나님의 사람인 것이 감출 수 없는 사실이 되어야 한다.

지난 나의 군 생활에서 특별히 기억에 남는 사건이 하나 있다. 훈련병 시절을 마치고 수료하는 날이었는데 수료하기 전날 저녁, 조교가 들어와서 우리를 위해 기도해볼 사람이 있냐고 물었다. 그때 동기들은 평소에 성경을 읽고 주일을 열심히 지키던 나를 지목했다. 나는 순간 당황했지만 모든 생활관 사람들을 축복하는 마음으로 기도했고, 그들은 큰 소리로 아멘으로 화답했다.

군대라는 곳이 하나님을 믿고 의지하는 우리에게도 힘든 곳인데 믿음이 없는 이들에게는 어떻겠는가? 믿음을 가진 이들은 모든 삶의 모습을 통해 복음을 드러내야 한다. 그것이 고난 가운데 선 크리스천들이 감당해야 할 몫이기 때문이다.

주일을 사수하라

사역을 하다보면 굳이 자신을 드러내지 않아도 누구나 보면 알

만한 유명인들을 만날 기회가 있다. 그들과 이야기하다보면 겉으로 보이는 화려함과 달리 내면 깊은 곳에 공허함이 있다. 그들도 평범한 이들과 똑같이 고민하고 괴로워하는 것을 볼 때면, 인간이 하나님 앞에서 얼마나 작고 보잘 것 없는 존재인지 알게 된다.

이렇게 연약한 인간이 마음의 자유를 얻고 영혼의 행복을 누리는 순간이 언제일까? 바로 예배에서다. 깊은 상처와 고통 가운데 있는 이들도 예배를 통해 위로받고 고통을 이겨낸다. 하나님은 예배 가운데 임하시고, 예배를 통해 우리를 만지신다.

2006년 12월 둘째 주일, 유명한 가수 J군이 예배 가운데 앉아 있는 것을 보았다. 변장을 심하게 해서 알아보기 어려웠지만 수백 만 장의 앨범이 팔릴 정도로 인기 있는 그였다. 가수로서의 전성기에 군에 입대한 그가 휴가 시간을 쪼개서 예배에 나온 것이다. 그 모습이 참 귀하게 여겨졌다. 이 세상의 누구도 예배의 감격 없이 세상의 힘든 일들을 이겨낼 수 없다.

군 입대 전에, 큰 일을 계획하기 전에 주일 성수에 대한 마음을 새롭게 하자. 시시하다고 웃을 일이 아니다. 나만 해도 주일마다 예배에 참석하기 어려운 상황이 여러 번 발생했다. 이등병 시절 살벌한 분위기 속에서 고참의 말을 거슬러 예배 드리러 갈 때는 마치 로마시대 원형 경기장에서 사자와 싸우러 달려 나가는 검투사 같은 기분이었다.

주일 아침에 부대 안에서 작업하는 경우도 있는데 그때 나만 빠지고 예배에 가려면 정말 눈치가 보인다. 그럼에도 불구하고 나는 군 생활 동안 주일만큼은 끝까지 지켰다. 주일은 가능하면 지켜야 하는 것이 아니라 반드시 지키는 것으로 마음에 새기고 가야 한다. 이런 예배 생활은 자신 뿐 아니라 주위 신자들의 신앙에도 도전을 주고 그들에게 힘이 된다. 부대에서 빛과 소금이 되기 위한 첫 번째이자 기본적인 발걸음이 예배임을 결코 잊지 말자. 물론 평상시에 본이 되는 생활과 성실한 의무 이행은 기본이다.

"나는 술을 마시지 않습니다"

신앙인들은 사회생활을 하면서 한번쯤은 술 문제로 고민하게 된다. 군대에서도 마찬가지다. 24시간 얼굴을 맞대고 사는 생활관 사람들과 술로 인해 갈등을 겪는 크리스천들을 심심치 않게 본다. 군대에서는 사회와 달리 강압적인 분위기가 더해지기 때문에 입장을 분명히 하는 자세가 필요하다.

내가 이등병 시절에 특별 회식 자리에서 고참이 주는 술잔을 거부한 적이 있었다. 분명한 태도로 나는 크리스천이며 술을 마시지 않는다고 담담하게 이야기했다. 물론 반응은 썰렁함, 그 자체였다. 그 순간을 넘기는 데는 용기가 필요했지만 그 일이 있은 후로는 누구도 회식 자리에서 내게 술을 권하지 않았다.

술 역시 예배처럼 단호해야 한다고 생각한다. 함께 종교 활동 군

종 생활을 하던 P군은 처음부터 술잔을 거부하지 않고 받아들였다. 가톨릭 자체가 술에 관대했기에 그의 신앙에 있어서는 그리 문제가 되지 않았겠지만 그는 회식 때마다 고참들이 권하는 술에 시달려야 했다.

단호하라는 것은 냉정한 얼굴로 그들과 싸우라는 말이 아니다. 신앙인으로서 당당하고 부드럽게 자신의 의사를 표하라는 뜻이다. 마태복음의 말씀을 기억하고 이런 자세로 살아야 한다. "보라 내가 너희를 보냄이 양을 이리 가운데로 보냄과 같도다 그러므로 너희는 뱀 같이 지혜롭고 비둘기 같이 순결하라"(마 10:16).

군대라는 사회 속에서 그 문화에 속하지 않고 홀로 서야 할 때, 우리는 두려움과 스트레스를 느끼게 된다. 그러나 주님은 우리가 어떤 상황에 처해 있는지 잘 아신다. 우리를 어디에 보내셨는지 그분이 모르실 리가 없다. 그러므로 우리는 술 문제로 인해 과도한 스트레스를 받을 필요가 없다. 그때그때 주님의 인도를 구하며 하나님께 의존하는 우리가 되자.

 에피소드

부대에선 간부님, 교회에선 집사님
(전역 공군, 박현수)

군대는 외로움과 사회적 단절 그리고 자신과의 독한 싸움이 시작되는 곳이다. 지독히도 고독한 이곳에서 나는 주님을 만났다. 사회에서는 나의 필요를 채워주는 것들이 항상 곁에 있었기에 주님을 향한 간절함을 느끼기가 어려웠던 것 같다.

하지만 24시간 누군가에게 통제 받고, 철저한 계급 사회이자 명령에 절대 복종해야 하는 군대라는 곳에 들어와 살다보니 작은 것의 소중함을 배우게 되었다. 훈련 속에서 힘들어 쓰러질 때 주님은 나의 힘이 되어 주셨고, 새벽에 떨면서 보초를 설 때도 내 마음속에서 든든함이 되어 주셨다.

군대에서 신앙생활을 하면서 많은 크리스천들의 믿음이 약해지는 것을 보았다. 군대라는 현실 속에 서면 일요일은 단 꿀 같이 맛깔스러운 휴가다. 그 자유로운 휴식 시간을 버리지 못해 많은 크리스천들이 너무 쉽게 무너진다. 힘든 한 주간의 일과 속에서 일요일 오전에 교회가는 것은 대단한 일이다.

나도 군대에서 주일에 교회를 가면서 많이 힘들었던 경험이 있다. 하지만 그 모습 하나하나 주님께서 기억해주실 것을 믿으며 믿음으로 주일을 구별해 지켰다. 내가 속했던 계룡대 근무 지원단 공군 신우회에서는 1년에 두 번씩 찬양대회도 열었다. 약 오천 명이나 되는 장병들이 참여하여 열심히 준비한 찬양을 선보이면 상품으로 세탁기, 전자렌지, 냉 온수기 등을 타곤 했다.

나는 신우회장으로서 이 대회에서 사회를 보았는데 이런 찬양대회야말로 크리스천 군인들의 대축제이자 자신을 주님께 드릴 수 있는 좋은 기회였다. 부대 내의 하늘같은 간부들도 교회에서는 '집사님'이 된다. 아무리 계급이 대위, 소령, 중령, 단장이라 해도 교회에서는 주님 안에 모두 하나가 된다. 그 따뜻하고 가족 같은 분위기에 장병들은 '집사님'의 사랑에 푹 빠지게 된다. 2년 동안 나를 아껴주신 담당 집사님은 정말 친 어머니 같은 분이셨다.

부대 교회는 일과 후 기도하고 싶을 때마다 찾아올 수 있도록 늘 열려 있다. 운동하다가도 교회에 들려 기도하고 가는 장병들의 모습을 종종 볼 수 있었다. 공군 신우회는 공군 장병들이 부대 생활에서 믿음을 잃지 않고, 부모님의 사랑을 느낄 수 있게 해준 귀한 모임이었다.

힘든 군 생활 동안 사랑을 느끼며 믿음을 유지할 수 있게 지지해준 공군 신우회, 아마 평생을 두고두고 기억하며 감사하게 될 것 같다. 하나님 안에서 진정한 위로와 사랑을 느낄 수 있었던 주일, 그 따뜻한 예배 시간이 그리워질 때가 있다.

9장
하나님, 당신을 만나러 왔습니다

오늘의 수양록

제대 후, 나는 다시 군 복무 했던 곳으로 돌아가기 위해 공부를 시작했다. 신병 훈련을 마치고 경비 교도대원으로 차출되어 홍성 교도소에서 교도관들을 도우며 보냈던 군 생활. 지난 2년은 내 인생의 소명을 깨닫기에 충분한 시간이었다. 깊은 신앙과 따뜻한 사랑으로 수감자들을 돌보던 중대장님의 모습이 아직도 눈에 선하다. 이번 교도관 시험에 합격하면 내게 본을 보이셨던 소대장님과 교도관님들의 삶을 기억하며 그 길을 따르고 싶다. 내게 단지 추억이 아닌 꿈을 선물해준 홍성 2527경비 교도대 식구들. 그들에게 감사의 마음을 전하며...

광야는 은혜의 땅이다

육체의 한계에 도달하는 순간, 쉬는 것과 잠자는 것의 소중함을 느끼게 되는 때, 이전에 경험 못했던 고난 앞에서 자신의 본능에 처절하게 직면하게 된다. 절로 하나님의 이름을 부르게 되는 순간이다. 군 생활이 때때로 척박한 광야처럼 느껴질 것이다. 그때 우리가 기억해야 할 사람이 있다면 바로 광야에서 하나님을 만났던 모세다.

모든 것이 부족하고 절망스러운 땅, 광야. 그 곳에서 모세는 하나님의 이름을 불렀다. 하나님께서는 그의 부르짖음에 응답하셨고 이스라엘 백성들을 약속의 땅으로 이끌어낼 힘을 부어주셨다. 이스라엘 백성들도 약속의 땅으로 나아가는 과정에서 광야를 지나야 했다. 필요가 채워지지 않는 광야에서 그들은 채워주시는 하나님을 만났다.

목마름을 채워주시는 하나님, 은혜의 비를 내리시는 하나님, 광야에 길을 만드사 저희 백성을 인도해내시는 하나님을 만난 것이다. 나는 군대가 이런 은혜를 경험하는 시간이 되어야 한다고 생각한다. 은혜를 구할 때 마른 땅에서 샘물이 솟아나는 것을 보게 될 것이다.

나 역시 군대에서 기도한 모든 제목에 신실하게 응답하시는 하나님을 경험했다. 지금 돌아보면 군대였기에 이렇게 극적인 응답

하나님의 이름을 부르라!

즐겨라 도전하라!

복음을 전하라!

들이 가능했으리라 생각한다. 9시간이 넘는 행군 가운데 체력이 고갈되어 쓰러질 것 같았던 순간, 하나님의 이름을 부르며 완주했던 기억. 이런 육체적 고통 뿐 아니라 모든 인간관계에서 오는 어려움들을 이겨낸 기억도 많다. 순간순간 하나님의 이름을 부를 때 나의 위로자 되신 하나님께서 나를 찾아와주셨기에 가능했던 일이다.

"요즘 입대하는 병사들을 보면 예전과는 비교가 안 될 만큼 유약한 모습이 많습니다." 군 선교를 하다 만나게 된 모 부대의 인사과장이 했던 말이다. 대부분 많은 형제들과 함께 자라지 못했고 부모의 과보호를 받다보니 인내심이 없고 어떤 상황에든 쉽게 좌절한다. 이렇게 고난 극복 능력이 약한 청년들에게는 하나님을 찾는 믿음이 더욱 필요하다. 군 생활을 은혜의 때로 바꾸는 지혜는 우리의 기도에 달려 있다.

군대, 즐겁게 도전하라

"인간의 재능은 혼자 키울 수 있지만 성격은 세파(世波) 속에서 형성된다." 시인 괴테가 남긴 말이다. 자신의 성격을 더 온전하게 다듬을 수 있는 기회, 사회에 나가기 전 세파를 경험할 만한 공간이 바로 군대다. 이곳은 다양한 사람들과의 만남 속에서 견문을 넓힐 수 있고, 다소 거친 공간처럼 보이지만 인재 양성소의 역할을 감당해낸다.

군대를 통해 장단점이 보완되고 생각의 전환을 거쳐 책임감 있는 남성으로 거듭날 수 있다. 하지만 이런 결과에는 반드시 전제조건이 따른다. 군 생활을 '긍정적으로' 받아들일 때 이 모든 것이 가능하다는 사실이다. 부정적인 마음가짐으로 군대에 가서 고통만 호소하다보면 어떤 발전도 기대할 수 없다. 이런 경우 오히려 군 생활이 인생의 장애로 작용할 수 있다.

"세상에는 두 종류의 민족이 있습니다. 살고자 하는 태도의 적극적인 민족과, 살아지니까 산다는 태도의 소극적인 민족입니다. 우리는 전자가 되어야 합니다." 육당 최남선 선생의 말이다. 군 생활을 더욱 유익하게 보내려면 이처럼 적극적이고 능동적인 자세로 도전해야 한다. 어차피 가야 하는 군대라면, 하나님께서 예비하신 길이라면 즐겁게 받아들여라.

나는 일 년에도 여러 차례 단기선교를 나간다. 가끔 지방에도 집회가 있어 갈 때가 있다. 그러나 원래 여행을 즐기는 스타일이 아닌지라 해외나 지방에 다녀오면 심히 지치고 피곤함을 느낀다. 그래서 이런 여행을 앞두고는 며칠 전부터 긴장을 하게 된다.

어느 날 친구 한 명을 만났다. 그 친구는 내가 단기선교를 나가는 지역으로 해외여행을 떠날 준비를 하고 있었다. 그는 이 여행을 위해 수 년 동안 경비를 모았고 기대했기에 매우 들뜬 모습이었다. 이렇게 오랜 준비와 기대하는 마음으로 여행을 다녀온 그는 남들보다 더 많은 것을 느끼고 배운 듯 보였다.

그에게 여행 이야기를 들은 후 나도 그처럼 모든 여행을 앞두고 기대하는 마음을 갖기로 했다. 좀처럼 잘 안 되던 그 일이 마음을 먹고 실천하자 가능해졌다. 매 순간 이런 기회를 주신 주님께 감사하며 기쁘게 나아갔더니 피곤함도 덜했다. 이 일을 통해 나는 모든 일이 마음먹기에 달렸음을 깨달았다.

군 입대도 마찬가지다. 조금 과장된 표현일지 모르지만 이 기간이 인생 최고의 경험이 될 수도 있다고 생각하며 입대하라. 군 생활을 하며 새로운 것을 도전할 때마다 '아, 지금 이 순간 도전 정신이 자라겠구나' '이 시간에는 인내성이 키워지겠는 걸' 하면서 스스로 마음을 다스려보자.

이렇게 매 순간 노력하며 하나님의 손길을 의지한다면 제대할 무렵 단 열매를 가득 품은 나무처럼 멋진 사람이 될 것이다. 모든 것이 자신이 생각하기에 달렸음을 기억하라. 긍정적인 마음과 태도를 달라고 하나님께 기도하라. 그 기도가 헛되지 않음을 경험하게 될 것이다.

복음은 흘러가야 한다

내가 사역하고 있는 삼일교회에서는 요즘 국내 단기선교의 눈을 군대로 돌리고 있다. 지방에서는 젊은이들의 인구가 점점 줄고 있기에 젊은이들이 많이 모이는 곳을 찾다가 군대를 생각해낸 것이다. 군대는 과거부터 지금까지 복음 증거의 황금어장이었다.

과거 우리나라에 복음화 물결이 막 일어날 때 군 부대 역시 복음의 열기로 타올랐다. 심지어 훈련소에서 너무 많은 병사들이 세례를 받으려고 몰려드는 바람에 호스로 물을 뿌려가며 세례를 주었다는 얘기도 있다. 요즘에는 이단들도 군대에 눈을 돌려 물량 공세로 부대 지휘관들의 마음을 움직여 군대에서 자신들의 종교 행사를 열고 있다고 전해진다.

이럴 때일수록 우리 크리스천 청년들이 지체하지 않고 복음을 전해야 한다. 나는 스무 살 때부터 교회에서 '전도 소년'이라는 별명을 얻었다. 이것은 불신자를 교회로 많이 인도해서가 아니라 시간이 나면 끊임없이 전도하기에 힘썼기 때문에 붙은 별명이었다.

당시를 돌아보면 전도의 열매로 인한 은혜보다 전도의 자리로 나아가며 받은 은혜가 더 컸다. 주저하지 말고 때를 얻든지 못 얻든지 복음 전하기에 힘쓰라. 놀라운 하나님의 은혜를 경험하는 군 생활이 될 것이다.

 에피소드

부족한 모습 이대로
(현직 57사단 군목, 조은중 소령)

강원도 화천군에 근무할 때의 일이다. 새로 뽑힌 L이라는 군종병이 성도들 앞에서 첫 찬양 인도를 하게 되었다. 반주와 함께 그의 찬양이 스피커를 타고 울려 퍼지던 순간, 우리는 모두 아연실색할 수밖에 없었다. 그 형제는 음치였던 것이다. 경상도 사투리로 운율 있게 나오는 멘트에 우리 모두 웃음을 참아야 했다.

그보다 더 우리의 웃음을 자아내게 한 것은 그의 찬양 음정 때문이었다. 기본음보다 언제나 3도 정도 높은 목소리로 반주에 맞춰 찬양을 불렀는데 본인도 아는지 얼굴은 홍당무처럼 벌겋게 달아올라 있었다. 처음 해보는 찬양 인도인지라 당황하며 어쩔 줄 몰라하는 L병사. 그렇지 않아도 힘들어 하는 형제의 면전에서 웃자니 그를 힘들게 하는 셈이 되고, 안 웃자니 도저히 그럴 수도 없는 참으로 난감한 상황이었다.

그렇게 며칠이 지나 수요일이 되었다. 나는 여느 때처럼 설교 전에 "우리 중에 받은 은혜가 있어 특송하기 원하는 성도가 있으시면 이 시간 나와주시기 바랍니다"라는 멘트를 했다. 그때 기다렸다는 듯이 L형제가 손을 번쩍 들고 앞으로 나왔다. 그는 3도쯤 높은 독특한 음정으로 '실로암'이라는 찬양을 불렀다. 당시 이 찬양은 병사들 애창순위 1위의 곡이었다.

우리는 마치 찬물을 뒤집어 쓴 듯 조용히 그 찬양에 온몸을 맡겼다. 다음 주일 저녁예배, 수요예배, 또 그 다음 주일 저녁예배, 수요예배… 그의 실로암 특송은 멈출 기미가 보이지 않았다. 나는 그를 내 사무실로 불러서 다른 형제들에게도 기회를 주는 게 어떻겠냐고 타이르기도 했다.

그러나 특송에 대한 그의 열정은 멈출 줄을 몰랐다. 이번에는 기타까지 메고 나타났다. 주인을 닮아서 그런지 기타도 주인의 뜻을 무시하고 자기 마음대로 울어댔다. 듣는 우리들에게는 이중의 고통이었지만 하나님은 그 형제의 순수한 마음을 기뻐 받으실 것이라는 믿음으로 지켜봤다.

하나님의 은혜로 그의 찬양은 회를 거듭할수록 점점 아름다워졌다. 드디어 그가 전역하기 전 마지막 저녁예배였다. 어김없이 그 병사는 기타를 메고 나타났다. 그리고 찬양을 드리기 전에 눈물을 흘리며 이렇게 고백했다.

"사랑하는 목사님, 성도님, 형제님. 그동안 너무 죄송했습니다.

저도 제가 얼마나 음치인지 잘 알고 있습니다. 하지만 목사님 말씀을 듣던 중에 하나님께서는 그 마음을 받으시고 부족한 것도 온전케 하신다기에, 저는 그 믿음으로 열심히 하나님께 찬양을 드렸습니다. 부족한 찬양을 듣고 참아주셔서 정말 감사합니다. 이제 전역하기 전 마지막 예배에 여러분에게 하나님의 풍성하신 은혜를 전하고 싶습니다. 오늘은 여러분이 듣기에도 아름다운 찬양을 하고 싶습니다."

그의 눈에는 계속 눈물이 흘러내리고 있었다. 이윽고 이어지는 실로암 찬양. 그동안 예배시간 때마다 우리를 그렇게 괴롭혀 왔던 그 사람이 맞나 싶을 정도로 그의 찬양과 기타 연주는 수준급이었다. 우리 모두도 마음으로 그 형제와 함께 울었다. 그 형제는 대구에서 어느 은행에 취직하고 결혼하여 아름다운 가정을 이루고 있다. 아마 지금도 그 어느 교회에서는 그의 찬양이 울려 퍼지고 있지 않을까?

10장
소명을 향해 나아가리

오늘의 수양록

전자계산기 기능사, 정보기기 운용기능사 자격증을 양 손에 쥐고 다중 운용 통신병으로 입대하던 날이 생각난다. 군생활하면서 파견나가는 게 쉽지 않은 건데, 내가 그 행운아가 되었던 날. 육군통신학교에서 우리 기 수석으로 졸업하던 날. 누구도 고치지 못한 전화기를 고쳐서 중대장에게 인정받고 포상 휴가를 나왔던 날. 이제 곧 끝마칠 나의 군 생활은 감사하게도 이러한 좋은 기억들로 가득하다.

사명을 찾아 성취하라

많은 청년들이 아무런 목적이나 목표 없이 군에 입대한다. 하나님의 자녀인 우리가 그렇게 세월을 보낸다는 것은 참으로 슬픈 일이 아닐 수 없다. 군 복무 기간 중에도 우리는 사명감을 가지고 최선을 다해야 한다. 성경의 달란트 비유에서도 나타나듯이 우리는 어느 상황 속에서나 열매를 남겨야 하는 크리스천이기 때문이다. 하나님께서는 우리가 어느 곳에 있든지, 우리의 상황을 운명이나 우연에 맡겨두지 않으신다.

어떠한 상황과 환경 속에서든 반드시 하나님의 뜻이 있다는 것을 우리는 알아야 한다. 하나님께서는 때에 따라 우리에게 만날 사람들과 해야 할 일들을 허락하신다. 이것이 '사명'이다. 사람에 따라 맡겨진 사명이 다를 수 있다. 사람에 따라 전도일 수 있고, 상담일 수 있고, 주변의 약한 사람을 위로하는 위로자일 수도 있다.

난 신병교육대에서 2주마다 2백명씩 들어오는 신병들에게 복음을 전할 기회를 가졌다. 종교점호라고 해서 각 부대의 종교별 군종들이 20분 정도 말씀을 전하는 시간이 있었다. 감사하게도 당시 불교 군종과 천주교 군종은 별다른 활동을 하지 않았다. 그래서 기독교 대대군종인 내가 전담하여 일하는 특권을 얻었다.

나는 군 생활을 통해 2~3천 명 정도의 신병들에게 4영리를 통해 복음을 전하는 놀라운 경험을 했다. 하지만 당시에는 그것이 특권이며 은혜인 줄 몰랐다. 시간이 지난 후에야 그것이 나의 사명이었으며 영광스런 자리였음을 깨달았다. 내가 그 시절로 다시 돌아갈 수 있다면 더욱 절박함과 간절한 마음으로 사명을 성취할 것이다.

자신에게 주어진 사명을 깨닫고 최선을 다해 감당한다면 군에서 보내는 2년이라는 시간이 꿈을 펼치기엔 짧은 시간임을 깨닫게 될 것이다. 그리고 제대할 때 시간을 허비했다는 후회 없이 정금같이 변화된 자신의 모습에 만족하며 감사하게 될 것이다.

자기 계발을 준비하라

입대를 결정했다면 구체적으로 우리가 해야 할 일과 군 생활을 통해 변화되어야 하는 부분들을 목록별로 적어놓고 적용할 수 있는 방법을 찾아보자. 먼저 큰 제목 두세 개만 정해 집중적으로 시도할 것을 권하고 싶다. 목표가 너무 많으면 어느 것 중 하나라도 성취하기 힘들다.

집중하여 매진할 수 있는 목표를 정하는 것도 지혜가 필요하다. 이렇게 목표를 정하는 과정은 반드시 입대 전에 충분한 여유를 갖고 준비해야 한다. 사람이 바쁠 때는 시간적 여유가 없어서 중요한 목표를 발견하지 못할 수 있다. 한편 지나치게 넉넉한 시간이 주어지면 한없이 풀어져서 시간을 잘 활용하지 못하고 빈둥거리며 낭비할 수 있다.

입대가 얼마 남지 않아 먼저 군에 들어간 후에 목표를 정했다면, 지체하지 말고 실천에 옮겨야 한다. 이런 경우에는 휴가 기간을 잘 활용해야 한다.

나 역시 입대를 앞두고 군에서 무엇을 통해 자신을 발전시킬까를 고민했었다. 생각 끝에 목회를 잘 하기 위해서는 영성과 지성이 겸비되어야 한다는 결론을 내렸다. 그래서 도움이 될 만한 책을 영역별로 뽑아서 읽기로 결심했다. 예상대로 이등병 때는 책을 거의 읽을 수 없었다. 그때는 간간이 성경을 읽은 기억밖에 없다.

일병을 달고 난 후부터는 미리 뽑아놓은 목록대로 휴가를 통해 책을 구입해서 읽기 시작했다. 흡족하게 목표를 이루고 제대했다고 말할 수는 없지만, 반 이상은 성취한 것 같다.

내가 군에 있을 때 옆 중대의 E병사는 제대 후의 삶을 그리던 중 학사고시를 준비한다는 목표를 세웠다. 당시에 학사고시를 준비하는 데 도움을 주는 학원이 서울역과 광화문에 있었다. E병사는 휴가를 이용해서 광화문의 Y학원에 들러 자료를 구입해 부대에 가지고 들어왔다. 일과가 끝나고 시간이 날 때마다 계획을 세워 꾸준히 공부하던 그의 모습이 매우 인상적이었다. 결과가 어떻게 되었는지 듣지 못한 것이 아쉽지만, 미래를 설계하고 노력하며 준비해나가는 모습이 정말 아름다웠다.

"구하라 그리하면 너희에게 주실 것이요 찾으라 그리하면 찾아낼 것이요 문을 두드리라 그리하면 너희에게 열릴 것이니 구하는 이마다 받을 것이요 찾는 이는 찾아낼 것이요 두드리는 이에게는 열릴 것이니라"(마 7:7-8). 하나님께서는 이 말씀처럼 미래를 위해 끊임없이 찾고 두드리는 사람에게 기회와 여건을 열어주신다.

끝까지 달릴 힘이 필요하다

내가 군 생활하던 당시 신병 교육대에는 분대장을 교육시키는 중대가 있었다. 이곳에서는 노련한 상병들을 교육시켜 하사로 임관해 분대장으로 활약하게 했다. 상병들이 훈련받는 곳이니만큼 다른 곳보다 더 엄하고 훈련의 강도도 매우 높았다. 이곳에서 유능한 조교로 일하던 Y형제는 나와 입대 동기라서 무척 친하게 지냈다.

Y형제는 군 생활 중 나에게 양육을 받고 대대군종 총무로 세워졌다. 내가 매주 커피를 타서 초소를 돌며 4영리를 전할 때면, Y형제는 무거운 커피 주전자를 들고 나를 따르며 복음 전하는 일을 도왔다. 고등학교 졸업 후에 마땅한 직장 없이 지내다가 입대한 그는 상병이 될 무렵 대학을 들어가겠다는 목표를 정하고 노력하기 시작했다.

제대 후에 원하는 대학에 시험을 쳐보았지만 처음 도전은 실패였다. 그러나 좌절하지 않고 꾸준히 노력했다. 다음 해에는 그가 원하던 서울시립대에 당당히 합격했다. Y형제는 제대 후에도 나와 계속적인 만남을 가졌고 현재 내가 사역하고 있는 교회에 인도되어 함께 신앙생활을 하고 있다.

지금은 학교 선생님인 아내를 만나 결혼하고 안정된 직장생활을 하고 있다. 난 Y형제가 상병 때에라도 자신의 목표를 정하고 정진했기에 오늘의 그가 있을 수 있다고 생각한다. 그가 상병 때 갖게 된 목표에 대해 늦었다고 생각하며 시도조차 하지 않았다면 사회에 나와 오늘과 같은 삶을 살아갈 수 없었을 것이다.

군대를 '인생의 시동을 켜는 시기'라고 생각하자. 당신이 생각하는 것보다 많은 것을 이룰 수 있고, 준비할 수 있는 시기가 될 것이다. 언제 시작했는지는 그리 중요하지 않다. 끝까지 달릴 힘이 필요할 뿐이다.

 에피소드

사랑하는 내 아들아!
(어머니, 정연옥)

사랑하는 내 아들 현범아!

엊그제 너의 전화를 받고 얼마나 반갑던지, 엄마 아빠는 저녁 내내 네 이야기로 이야기 꽃을 피웠단다. 크리스마스가 돌아와서인지 하나님께서 세상에 아들을 보내신 사랑이 얼마나 큰 것인지 새삼 느끼게 된단다. 2년 후면 다시 가족 곁으로 돌아올 너지만, 엄마의 마음은 늘 그리움으로 애가 타는구나.

군에 가면 보통 초코파이가 먹고 싶다고 하던데, 네가 보낸 편지에 "엄마, 초코파이보다 몽쉘통통이나 오예스가 더 좋아요"라고 적혀 있는 것을 보고 얼마나 재미있던지…. 맛난 것을 먹을 때마다 늘 우리 아들이 눈에 밟히는구나. 우리 아들이 군 생활을 잘 하고 있으리라 믿지만 엄마가 몇 가지 당부할게.

먼저 말씀 보기를 게을리 하지 말아라. 척박한 곳에 있을수록 마음을 따뜻하게 지켜가야 한단다. 늘 말씀을 통해 하나님과 대화하고 동료들에게도 부드러운 말로 대하길 바란다. 2년이 무척 길게 느껴지겠지만, '언제 끝나나' 하는 부정적인 마음보다는 '오늘도 무사히 하루가 갔구나' 하는 감사한 마음으로 하루를 보내거라.

감사할 때 더욱 감사할 일들이 생길 거란다. 수양록을 쓰겠지만 틈틈이 글 쓰는 일도 잊지 말거라. 평소에도 글 쓰는 것을 좋아했잖니. 네 소질을 군에서도 키워가길 바란다. 동료나 선임들, 후임들에게 편지를 써보는 것도 좋을 것 같구나. 네 글은 사람의 마음을 움직이는 힘이 있단다.

정 쓸 것이 없을 때는 네 인생을 돌아보며 감사한 일들을 하나씩 기억해 적어보렴. 제대할 무렵 감사했던 순간들에 대한 기억이 쌓이면 너에게도 큰 도움이 될 거야.

엄마 아빠와 누나는 잘 지내고 있으니 걱정하지 말아라. 우리 소식은 자주 전하도록 노력하마. 우리 아들이 나라를 지키는 군인이 되었다니, 엄마는 생각할수록 가슴이 벅차구나. 고사리 같이 조그마하던 너의 손이 이젠 총과 무기를 들고 선 군인 아저씨가 되다니….

거친 상황 속에서도 늘 따뜻한 마음 잃지 말거라. 군대 안에서도 좋지 않은 문화에는 마음을 빼앗기지 않았으면 좋겠구나. 엄마의 말들이 잔소리처럼 들리진 않을런지…. 오랜만에 편지를 쓰며 노파심에 여러 이야기를 적었네. 늘 너를 위해 기도한다.

우리 아들 현범이! 사랑한다!